Anhelando El Corazón De Dios

Kay Arthur
& David Arthur

Ministerios
Precepto
Internacional

Excepto donde así se indique, las citas bíblicas incluidas en este libro son de la Nueva Biblia Latinoamericana de Hoy.
Copyright © 2005 by The Lockman Foundation. Usadas con permiso. www.nblh.org

Excepto donde se indique, todos los mapas y cuadros en este libro, al igual que la sección de "Cómo Empezar" en la introducción, han sido adaptados y condensados de la *Biblia de Estudio Inductivo* © 2005

ANHELANDO
EL CORAZÓN DE DIOS

ISBN 978-1-62119-174-2

Copyright © 2014 reservados todos los derechos. Ninguna parte de esta publicación puede ser reproducida, almacenada en un sistema de recuperación, o transmitida en cualquier forma o por ningún medio - electrónico, mecánico, digital, fotocopia, grabación u otros- excepto para breves citas en revisiones impresas, sin el permiso previo del editor.

Precepto, Ministerios Precepto Internacional, Ministerios Precepto Internacional Especialistas en el Método de Estudio Inductivo, la Plomada, Precepto Sobre Precepto, Dentro y Fuera, ¡Más Dulce que el Chocolate! Galletas en el Estante de Abajo, Preceptos para la Vida, Preceptos de la Palabra de Dios y Ministerio Juvenil Transform son marcas registradas de Ministerios Precepto Internacional.

2014, Edición Estados Unidos

Contenido

Cómo empezar 5

PRIMER LIBRO DE SAMUEL

Primera Semana
  ¿Qué se requiere para dar
    tu corazón a Dios? 15

Segunda Semana
  Cuando la gloria del Señor se aleja 23

Tercera Semana
  ¿Quién quieres que gobierne sobre ti...
    Dios o el hombre? 31

Cuarta Semana
  ¿Qué ve Dios cuando mira
    tu corazón? 37

Quinta Semana
  ¿Puede Dios realmente hacer mi corazón
    como el Suyo? ¿Cómo? 43

Sexta Semana
  ¿Estás dispuesto a dejar que Dios
    se enfrente a tus enemigos por ti? 49

Séptima Semana
  Todo hombre muere... Pero, ¿cómo? 55

SEGUNDO LIBRO DE SAMUEL
Primera Semana
    ¿Qué haces cuando todo
        se viene abajo?................................. 67

Segunda Semana
    ¿Qué pasa cuando no buscas a Dios
        a Su manera? 75

Tercera Semana
    ¿Qué pasa cuando el pecado
        pasa inadvertido? 83

Cuarta Semana
    ¿Hay seguridad en Dios, aún cuando
        todas las probabilidades
        humanas están en tu contra? 91

Quinta Semana
    Cuando Dios valida los pactos
        de los hombres 97

Sexta Semana
    Sé fuerte y valiente...
        Él es tu roca, tu fortaleza 103

    Notas 115

Cómo Empezar...

Algunas veces es difícil y hasta poco agradable leer instrucciones, a menos que te llamen la atención los detalles o seas una persona metódica. A menudo, simplemente quieres empezar. ¡Sigues instrucciones sólo si todo lo demás falla! Lo comprendemos—tampoco a nosotros nos agradan mucho los detalles. Pero lee "Cómo empezar" antes de iniciar...créenos, ¡te ayudará! ¡Es una parte vital para iniciar con el pie derecho! Son pocas páginas y te ayudarán grandemente.

PRIMERO

A medida que estudias los libros de 1 y 2 Samuel y 1 Crónicas, necesitarás tres cosas además de este libro:

1. Una Biblia que estés dispuesto a marcar. El marcar es esencial, pues representa una parte integral del proceso de aprendizaje y te ayudará a recordar y retener lo que has aprendido. Una Biblia ideal para este propósito es la *Biblia de Estudio Inductivo (BEI)*. La *BEI* se encuentra disponible en la versión Nueva Biblia Latinoamericana de Hoy, viene en formato de texto en una sola columna con un tipo de letra grande y fácil de leer y es ideal para marcar. Los márgenes de las páginas son amplios y están en blanco para poder anotar en ellos.

La *BEI* cuenta también con instrucciones para estudiar cada libro de la Biblia, pero no incluye ningún comentario acerca del texto. La BEI no ha sido compilada en base a ninguna doctrina teológica en particular ya que su propósito es enseñarte a discernir la verdad por ti mismo a través del método de estudio inductivo (los diversos cuadros y mapas que encontrarás en esta guía de estudio han sido tomados de la BEI). Debes saber que tendrás que marcar cualquier Biblia que uses, lo cual nos lleva a lo siguiente que necesitarás.

2. Lápices de colores.

3. Un cuaderno para observaciones o una libreta para trabajar en tus tareas y anotar tus observaciones.

SEGUNDO

1. A medida que estudies 1 y 2 Samuel y 1 Crónicas, encontrarás instrucciones específicas para el estudio de cada día. El estudio debería tomarte entre 20 y 30 minutos diarios. Sin embargo, si deseas invertir más tiempo, eso aumentará tu intimidad con la Palabra de Dios y con el Dios de la Palabra. Si estás realizando este estudio dentro del marco de una clase y consideras que las lecciones son muy pesadas, entonces simplemente haz cuanto puedas. Es mejor hacer poco que no hacer nada. No seas del tipo de persona "todo o nada" cuando se trate de un estudio bíblico.

Siempre que estudias la Palabra de Dios, empiezas una intensa lucha contra el enemigo. ¿Por qué? Porque cada parte de la armadura del cristiano está relacionada con la Palabra de Dios. Y el enemigo no desea que estés preparado para la guerra. ¡A eso se debe la lucha! Recuerda que nuestra única arma ofensiva es la espada del Espíritu, que es la Palabra de Dios y que es suficiente para derribar al enemigo.

Estudiar o no estudiar es primero una cuestión de elección y segundo de disciplina. Es un asunto del corazón; ¿en qué o quién estás poniendo tu corazón? Por lo tanto, ¡ármate para la guerra! Y recuerda, la victoria es segura.

2. A medida que lees cada capítulo, instrúyete para estudiar el contenido del texto haciéndote las 6 preguntas básicas ¿quién?, ¿qué?, ¿cómo?, ¿cuándo?, ¿dónde? y ¿por qué? Formularte preguntas como éstas y buscar sus respuestas te ayuda a comprender exactamente lo que la Palabra de Dios nos dice. Al interrogar el texto con las seis preguntas básicas, planteas preguntas como éstas:

    a. ¿De **qué** trata el capítulo?
    b. ¿**Quiénes** son los personajes principales?
    c. ¿**Cuándo** se lleva a cabo este suceso o enseñanza?
    d. ¿**Dónde** sucede esto?
    e. ¿**Por qué** se está haciendo o diciendo esto?
    f. ¿**Cómo** pasó esto?

3. El "cuándo" de los eventos o enseñanzas es muy importante y debe marcarse en tu Biblia de manera que pueda reconocerse fácilmente. Nosotros lo hacemos colocando un círculo ◯ al margen de nuestras Biblias, junto al versículo en el que está la frase de tiempo. O bien, puedes subrayar las referencias de tiempo con un color específico. Como recordatorio, anota en tu separador de palabras clave (el cual se explica a continuación en esta sección) que debes marcar las referencias de tiempo en cada capítulo.

4. Se te mencionarán algunas palabras clave que sería bueno marcar durante este estudio. Este es el propósito de los lápices de colores. Te darás cuenta que si desarrollas el hábito de marcar tu Biblia, habrá una significativa diferencia en la efectividad de tu estudio y en la cantidad de información que retienes como resultado del mismo.

Una **palabra clave** es una palabra importante que el autor utiliza repetidamente con el fin de transmitir su mensaje al lector. Ciertas palabras clave aparecerán en todo el libro, mientras que otras estarán concentradas en capítulos o segmentos específicos del libro. Cuando marques una palabra clave, también debes marcar sus sinónimos (palabras que significan lo mismo dentro del contexto) y sus pronombres (*él, ella, su, la, nosotros, ellos, nuestro, vosotros, suyo*) de la misma manera que marcaste la palabra clave. Debido a que algunas personas lo han solicitado, en tus tareas diarias te daremos varias ideas y sugerencias sobre cómo marcar las diferentes palabras clave.

Marcar palabras para identificarlas fácilmente puede hacerse por medio de colores, símbolos o combinación de colores y símbolos. Sin embargo, es más fácil distinguir los colores que los símbolos. Si utilizas símbolos, te sugerimos que sean simples. Por ejemplo, una de las palabras clave de estos libros es **rey**. Podrías dibujar una corona como ésta sobre la palabra **rey**. Si utilizas un símbolo para marcar una palabra clave, lo mejor es que ese símbolo transmita el significado de la palabra.

Cuando marcamos los miembros de la Trinidad (que no siempre marcamos), coloreamos cada referencia del Padre, el Hijo y el Espíritu Santo en amarillo. Después, usamos el color morado y marcamos el Padre con un triángulo, simbolizando la trinidad. Luego, jugando con el triángulo y utilizando siempre el morado, marcamos al Hijo de la siguiente manera: **Jesús**, y al Espíritu Santo de esta manera: **Espíritu**. Si aprendes a marcar cada referencia al Espíritu, como las que verás en los libros que estás a punto de estudiar, empezarás a reunir algunas valiosas enseñanzas sobre el Espíritu de Dios. Sin embargo, hemos notado que cuando marcas toda referencia a Dios y a Jesús, tu Biblia se satura. Por lo tanto, te sugerimos que los marques únicamente en casos muy específicos.

A medida que inicias esta nueva aventura, te recomendamos que crees un sistema de codificación por colores para señalar las palabras clave que decidas marcar en toda tu Biblia. De este modo, cada vez que eches un vistazo a tu Biblia, reconocerás instantáneamente esas palabras.

Cuando empiezas a marcar palabras clave, es fácil olvidar la forma en que lo estás haciendo. Por lo tanto, te recomendamos que cortes una tarjeta de siete por doce centímetros a la mitad y escribas en ella las palabras clave. Marca en ella las palabras de igual manera en que planeas hacerlo en el texto bíblico y después utiliza esa tarjeta como separador de páginas. Sería muy buena idea hacer un separador para las palabras que estás marcando a lo largo de toda tu Biblia y uno distinto para algún libro específico de la Biblia que estés estudiando. O bien, puedes registrar en una página en blanco de tu Biblia el sistema para marcar que planeas aplicar.

5. Debido a que las ubicaciones son importantes en los libros históricos o biográficos de la Biblia (1 y 2 Samuel y 1 Crónicas son libros históricos), encontrarás útil marcar las ubicaciones de una manera visible en tu estudio. Intenta subrayar cada referencia a una ubicación con doble línea verde (¡el pasto y los árboles son verdes!). En este estudio se incluyen mapas para que puedas buscar los lugares y ubicarte dentro del contexto geográfico. Sugerimos que hagas una anotación en tu separador de palabras clave para que recuerdes marcar las ubicaciones.

6. Al final de los respectivos estudios encontrarás unos cuadros llamados PANORAMA DE 1 SAMUEL, PANORAMA DE 2 SAMUEL, PANORAMA DE 1 CRÓNICAS. Al terminar tu estudio de cada capítulo de un libro, registra el tema principal del mismo en el cuadro apropiado, bajo el número del capítulo correspondiente. El tema principal de un capítulo es el asunto, suceso o argumento que se discute con mayor frecuencia. Usualmente, los temas de capítulo en los libros históricos o biográficos se centran en los sucesos.

Si desarrollas el hábito de ir llenando los cuadros de PANORAMA a medida que progresas en tu estudio, al terminar tendrás un completo resumen del libro. Si cuentas con una *Biblia de Estudio Inductivo,* encontrarás ese mismo cuadro en tu Biblia. Si anotas tus temas de capítulo en los cuadros de tu Biblia, siempre podrás tenerlos a la mano para cualquier referencia.

7. Comienza tu estudio con oración. No empieces sin ella. ¿Por qué? Bueno, porque a pesar de estar poniendo todo de tu parte para estudiar la palabra de Dios con exactitud, debes recordar que la Biblia es un libro inspirado divinamente. Las palabras que estás leyendo son verdades absolutas que te han sido dadas por Dios para que puedas conocerlo a Él y sus caminos de una manera más íntima. Y estas verdades se comprenden de manera divina. Escucha: "Pero Dios nos las reveló por medio del Espíritu, porque el Espíritu todo lo escudriña, aun las profundidades de Dios. Porque entre los hombres, ¿quién conoce los pensamientos de un hombre, sino el Espíritu del hombre que está en él? Asimismo, nadie conoce los pensamientos de Dios, sino el Espíritu de Dios" (1 Corintios 2:10, 11).

Esta es la razón por la que necesitas orar. Simplemente dile a Dios que deseas comprender Su Palabra para vivir de acuerdo a ella. Nada le complace más que la obediencia—honrarle como Dios—tal como estás a punto de ver.

8. Cada día al terminar tu lección, tómate un momento para pensar en lo que leíste y viste con tus propios ojos. Pregúntale a tu Padre celestial cómo puedes aplicar estas enseñanzas, principios, preceptos y mandamientos a tu propia vida. Algunas veces, dependiendo de la manera en que Dios esté hablando a tu vida por medio de Su palabra, querrás anotar en el margen de tu Biblia (junto al texto que has estudiado) esas "Lecciones para la vida". Sencillamente escribe "LPV" en el margen de tu Biblia y anota, tan brevemente como te sea posible, la lección para tu vida

que deseas recordar. También puedes escribir "LPV" en tu separador de palabras clave para recordar que debes buscarlas a medida que estudias. Descubrirás que ellas te animan... te redarguyen... en días posteriores cuando nuevamente te encuentres con ellas.

TERCERO

Este estudio ha sido diseñado para que tengas una tarea correspondiente a cada día de la semana. Esto te sitúa exactamente donde debes estar—leyendo la Palabra de Dios a diario. Si realizas tu estudio diariamente, verás que resulta más provechoso que realizar el estudio de toda una semana de una sola vez. ¡Establecer tu ritmo de este modo, te proporciona tiempo suficiente para pensar en lo que aprendes diariamente! No obstante, sin importar la forma en que tengas que hacerlo para llevarlo a cabo, ¡tan solo hazlo!

El séptimo día de cada semana tiene varias características que difieren de los otros seis. Estas características se han diseñado para ayudar en el discipulado personal, discusiones de grupo y clases de escuela dominical. Sin embargo, son provechosas aun cuando estudies este libro tú solo.

El "séptimo" día es cualquier día de la semana en el que decides terminar tu estudio semanal. En ese día, encontrarás uno o dos versículos para que los memorices y los GUARDES EN TU CORAZÓN. Esto te ayudará a concentrarte en la verdad o verdades principales cubiertas en tu estudio de esa semana.

También hay PREGUNTAS PARA LA DISCUSIÓN O ESTUDIO INDIVIDUAL, con el fin de ayudar a quienes utilizan el material en una clase de escuela dominical o grupo de estudio bíblico. Cualquiera que sea tu situación, buscar la respuesta a estas preguntas te ayudará a razonar algunos asuntos clave en el estudio.

Si estás realizando el estudio en un ambiente de grupo, asegúrate que las respuestas dadas estén respaldadas por el mismo texto bíblico. Esta práctica te ayudará a asegurarte de estar manejando con exactitud la Palabra de Dios. A medida que aprendes a ver lo que dice el texto, encontrarás que la Biblia se explica por sí sola.

Analiza siempre tus apreciaciones observando cuidadosamente el texto para ver lo que dice. Luego, antes de decidir lo que significa el pasaje de las Escrituras, asegúrate de interpretarlo a la luz de su contexto. El contexto es todo lo que va con el texto...las Escrituras que preceden y siguen a lo que está escrito. Las Escrituras nunca contradecirán las Escrituras. Si en algún momento parecieran contradecir al resto de la Palabra de Dios, puedes estar seguro que algo está fuera del contexto. Si llegas a un pasaje difícil de comprender, reserva tus interpretaciones para un momento en que puedas estudiar el pasaje con mayor profundidad.

El propósito del *Pensamiento para la Semana* es ayudarte a aplicar lo que has aprendido. Hemos hecho esto para tu edificación. De seguro podrás determinar lo valioso que es.

Recuerda, los libros de la Nueva Serie de Estudio Inductivo son cursos generales. Si deseas realizar un estudio más profundo sobre un libro de la Biblia en particular, te sugerimos que realices un Curso de Estudio Bíblico de Precepto Sobre Precepto acerca de ese libro. Los estudios de Precepto son maravillosos, pero requieren cinco horas semanales de estudio personal. Sin embargo, ¡no hay mejor forma de aprender! ¡Son lo mejor! Puedes obtener mayor información acerca de estos cursos comunicándote con la oficina de Precepto en tu país.

Primera de Samuel

PRIMERA SEMANA

¿Qué Se Requiere Para Dar Tu Corazón a Dios?

¿Alguna vez has deseado algo tanto, que sentiste que podrías enfermarte si no lo obtienes? ¿Has deseado tener una relación con alguien de tal modo que pensaste que morirías de no tenerla?

¡Ah!, ¡Poder anhelar con esa misma intensidad una relación personal con el Dios vivo! ¡Estar dispuesto a pagar el precio de conocerlo, invirtiendo tiempo en Su Palabra, pues en ella conocemos Sus caminos y Su carácter! Cuánto complacería esto a nuestro Dios, pues Él anhela profundamente que tú le conozcas, que comprendas Su corazón y andes en Sus caminos.

En la lección de esta semana encontrarás personas que buscaron a Dios y también otras que no estuvieron dispuestas a disciplinarse con el fin de alcanzar la santidad. No te pierdas lo que puedes aprender al observar a cada una de ellas.

PRIMER DÍA

Debido a que los libros de Samuel, Reyes y Crónicas son históricos, es importarte comprender en dónde encajan dentro de la historia de Israel. El primer libro de Samuel cierra el período de los jueces y marca el inicio del período de los reyes de Israel. Esta transición es evidente, ya que 1 Samuel inicia con un recuento de la vida de Samuel, el último juez de Israel y luego nos dirige a los días de los reyes, según se registra en los libros de 1 y 2 Samuel 1 y 2 Reyes y 1 y 2 Crónicas. El siguiente diagrama te proporcionará una imagen visual del paralelo histórico de Samuel, Reyes y Crónicas.

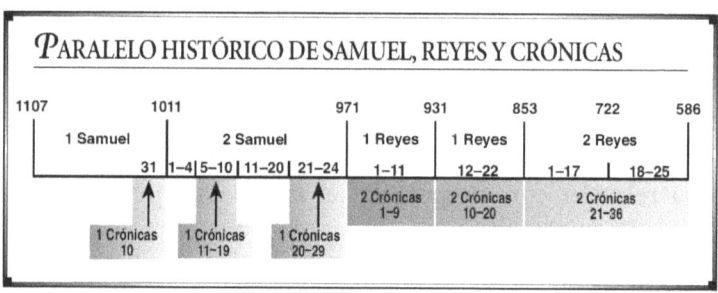

Aunque nuestro estudio se centrará principalmente en los libros de 1 y 2 Samuel, incorporaremos pasajes paralelos de 1 Crónicas; lo cual te dará el panorama completo de los tiempos y sucesos que estás estudiando.

Los libros históricos, mientras documentan hechos, te ofrecen también revolucionarias apreciaciones acerca de Dios, de las personas y cómo se relacionan el hombre y Dios en diversas circunstancias de la vida. A medida que estudias la vida de los israelitas durante el período de Samuel, oramos para que desees una relación más profunda con Dios y que el conocimiento de Su carácter y Sus caminos te haga anhelar saber más de Él.

Empieza hoy tu estudio de 1 Samuel leyendo el capítulo 1. Concéntrate en los *quién* y *qué* de las seis preguntas básicas (consulta "Cómo Empezar" en la página 5). Luego, en tu cuaderno, haz una lista sobre lo que trata el capítulo—los sucesos que se llevan a cabo en 1 Samuel 1 y los personajes principales que están involucrados en estos sucesos.

SEGUNDO DÍA

Si no has leído la sección "Cómo Empezar" al inicio de este libro, será provechoso hacerlo antes de continuar. Esa sección explica el cómo y por qué de un estudio bíblico inductivo. Y también sería un buen momento para que te detengas e inicies tu separador de palabras clave que utilizarás a lo largo de tu estudio de 1 y 2 Samuel y 1 Crónicas (una vez más, si tienes preguntas, consulta la sección "Cómo empezar").

Como observaste ayer, en este primer capítulo aparecen tres personajes principales: *Ana*, *Elí* y *Samuel*. A medida que lees hoy, observa lo que puedes aprender sobre estas tres personas marcando las referencias que se hacen de cada una con un color o símbolo distinto. Recuerda marcar los sinónimos y/o pronombres relacionados a cada personaje de una misma manera distintiva. Marcar las referencias de estas personas revelará qué hace cada personaje, qué le ha ocurrido en su pasado, qué está ocurriendo actualmente o qué ocurrirá en el futuro. Tampoco olvides marcar las referencias de Samuel cuando era niño.

El nombre de Ana aparece únicamente en los primeros dos capítulos, pero es una persona clave en la vida de Samuel. En los capítulos 1-4, marcarás el nombre de Elí. Sin embargo, puesto que los nombres de Ana y Elí se mencionan únicamente en los primeros capítulos, no los agregues a tu separador. *Samuel* es un personaje principal en todo el libro, así que su nombre será la primera palabra clave que querrás colocar en tu separador.

Después de leer el capítulo 1 y marcar los tres personajes principales, encontrarás útil registrar en tu cuaderno tus observaciones de cada una de estas personas. Por lo tanto, haz una lista para cada una de ellas. Por favor, deja espacio suficiente para agregar información a la lista de Elí en el capítulo 4. Samuel es el personaje central de este estudio, así que separa varias páginas para su lista. También, a medida que escribas tus observaciones durante este estudio, encontrarás muy útil escribir junto a la observación el versículo bíblico donde hallaste esa información para que puedas ver fácilmente dónde ubicarla.

Cuando hayas completado tu tarea, revisa lo que observaste en las vidas de Ana, Elí y Samuel. Piensa en cómo poder aplicar cualquiera de estas cosas a tu vida. Apunta cualquiera de las "Lecciones para la Vida" (LPV) al margen de tu Biblia o en tu cuaderno (si no te es familiar el término LPV, consulta la sección "Cómo Empezar").

Finalmente, identifica el tema de este capítulo. Anota el tema en la línea apropiada del cuadro PANORAMA DE 1 SAMUEL en la página 62 o haz una ampliación de ese cuadro en tu cuaderno y llénalo a medida que avanzas. Si tienes una *BEI*, no olvides incluir también en ella la información.

TERCER DÍA

Lee 1 Samuel 2:1-10 y marca cada referencia del SEÑOR (incluyendo sinónimos, tal como Dios y pronombres como *Él*, *Tu* o *Tus*). Anota lo que aprendas acerca de Dios en estos primeros diez versículos y empieza a realizar una lista en tu cuaderno en la que puedas continuar escribiendo tus apreciaciones de Dios.

A medida que lees, observa cómo se relaciona la oración de Ana con su situación. Esa oración está llena de lecciones para la vida. Asegúrate de escribir en el margen de tu Biblia o en tus notas cualquier "LPV" que descubras.

CUARTO DÍA

Hoy leerás y marcarás 1 Samuel 2:11-36. Agrega a tu separador de palabras clave *pecado(s)* y cualquier sinónimo, tal como *cosas malas*[1]. Más adelante marcarás otros sinónimos como *peca*[2], *pecando, transgresión, transgredieron* e *iniquidad*; así que también agrégalas a tu separador.

Como has hecho antes, observa lo que este capítulo te enseña acerca de Samuel. Luego, observa específicamente la manera en que pecaron Ofni y Finees, los hijos de Elí. Marca cada referencia que se haga de estos dos hombres y escribe en tu cuaderno lo que aprendes de ellos. Levítico 7:22-25 es una excelente referencia cruzada de 1 Samuel 2:12-17, de modo que puedes escribir "Levítico 7:22-25" al lado del pasaje en 1 Samuel. Hacer referencias cruzadas te ayuda a recordar la ubicación de un pasaje que ilumina o se correlaciona con el que estás estudiando. También es muy útil cuando no tienes tus notas de estudio, porque tus notas estarán justo allí, ¡en tu Biblia!

QUINTO DÍA

Lee 1 Samuel 2:11-36 y concéntrate en lo que aprendes acerca de Elí en este capítulo. Busca las seis preguntas básicas. Observa quién interactúa con Elí, qué le dice y por qué. Agrega todas tus apreciaciones a tu lista de Samuel.

Identifica el tema del capítulo 2 y regístralo en el cuadro PANORAMA DE 1 SAMUEL en la página 62.

SEXTO DÍA

Hoy lee 1 Samuel 3 y marca cada referencia al *Señor*, *Samuel* y *Elí*, incluyendo los pronombres. Agrega a tus listas lo que aprendas acerca del carácter y comportamiento tanto de Samuel como de Elí. Asegúrate de anotar en tu lista de Elí lo que Dios le revela a Samuel sobre él. También anota lo que veas de Dios en este capítulo. A medida que marcas tus palabras clave, no pases por alto la palabra *iniquidad*[3].

Anota cómo y por qué va a juzgar Dios a Elí y su casa. Estudia cuidadosamente las razones y escribe en tu cuaderno cualquier apreciación nueva acerca de Elí.

Identifica y anota el tema del capítulo 3 en el cuadro PANORAMA DE 1 SAMUEL en la página 62.

SÉPTIMO DÍA

Guarda en tu corazón: 1 Samuel 2:2
Lee y discute: 1 Samuel 2:1-17; 2:29; 3:12,13; Levítico 7:22-25.

PREGUNTAS PARA LA DISCUSIÓN O ESTUDIO INDIVIDUAL

- ¿En qué punto de la historia de Israel empieza 1 Samuel? (Consulta el Primer Día para buscar ayuda.)

- Describe la secuencia de eventos que ocurre en 1 Samuel 1-2 con relación a la petición de Ana por un hijo.

- ¿Qué aprendiste acerca de Dios en la oración de Ana en 1 Samuel 2:1-10?

    a. ¿Qué te dice esto acerca de Ana?

    b. ¿Cómo afecta tu vida de oración el conocer a Dios?

- ¿Qué razón da Dios para el juicio de Elí y su casa (2:29; 3:12,13)?

    a. ¿Cuál era la responsabilidad de Elí en cuanto a sus hijos? ¿Era él responsable de ellos ante Dios?

    b. ¿Qué habían hecho los hijos de Elí para merecer este tipo de castigo (2:12-17)?

    c. ¿Cuán importante era para Elí seguir las instrucciones de Dios en cuanto a las ofrendas y sacrificios? Discute lo que observaste en Levítico 7:22-25.

- ¿Qué has aprendido en la lección de esta semana que podría aplicarse al papel que los padres tienen en relación con sus hijos, especialmente los papás?

Pensamiento para la Semana

En estos primeros tres capítulos de 1 Samuel, has visto un fuerte contraste entre Ana y su hijo, Samuel y Elí y sus hijos, Ofni y Finees. En 1 Samuel 2:35, Dios dice que Él levantará un sacerdote fiel que hará conforme a lo que está en Su corazón y Su alma...y que le edificará una casa duradera. Elí no era este tipo de hombre...por lo tanto, su casa fue juzgada para siempre. Dios hizo morir a los hijos de Elí no sólo por su pecado, sino porque su padre no los reprendió. En esencia, Elí arriesgó su sacerdocio.

Irónicamente, la misma mujer que Elí reprendió, pensando que estaba ebria, fue la mujer que, por medio de fe y perseverancia, recibiría un hijo que le diría a Dios "Habla, que tu siervo escucha" (1 Samuel 3:9).

Cuando nos convertimos en hijos de Dios, venimos a ser parte del reino de sacerdotes de Dios. ¿Serás un sacerdote fiel haciendo lo que está en el corazón y alma de Dios en lugar de vivir de acuerdo a lo que está en el tuyo?

Si quieres una "casa duradera"—una familia que siga tus pisadas—aquí es donde debes empezar. Escucha a Dios y haz todo lo que Él dice.

SEGUNDA SEMANA

CUANDO LA GLORIA DEL SEÑOR SE ALEJA

¿Crees que, como seres humanos, tendemos a olvidar cuán Santo es Dios? Esta semana, nuestro estudio acerca del arca del pacto será un recordatorio del hecho que Dios debe ser tratado como santo.

PRIMER DÍA

Lee 1 Samuel 4 y presta atención a lo siguiente:

1. La confrontación de Israel con los filisteos. Este es un tema principal que se trata en todo el libro de 1 Samuel. Por lo tanto, observa las referencias a los *filisteos*. Anota en tu cuaderno lo que aprendas de ellos.

Es interesante notar que, aunque muchas veces se hace referencia a la tierra de Israel como "Palestina", la palabra no se utiliza como tal en toda la Biblia. Palestina se refiere a la tierra de los filisteos, la franja costera del sudeste a lo largo del Mediterráneo; o sea, donde se encuentra Gaza en la actualidad.

2. *El arca del pacto. Agrega el arca de Dios (el arca del pacto del SEÑOR[4], el arca del pacto de Dios, el arca del SEÑOR[5])* a tu separador. El arca juega un papel clave en la vida de los israelitas. Marca las referencias al arca, luego regresa y marca el *arca de Dios* en 1 Samuel 3:3. También marca cualquier pronombre que se refiera al arca.

En tu cuaderno, inicia una lista de lo que aprendes sobre el arca. Asegúrate de anotar los eventos tales como: a dónde es llevada el arca, por qué, qué sucede como resultado y cuánto tiempo permanece en estos lugares.

3. *Elí.* A medida que agregas nuevas apreciaciones a tu lista de *Elí,* anota la causa de su muerte y reflexiona sobre lo que has observado en su vida.

4. *Icabod.* Anota el nacimiento de *Icabod* y por qué le dieron este nombre.

No olvides registrar el tema del capítulo 4 en el cuadro PANORAMA DE 1 SAMUEL.

SEGUNDO DÍA

Hoy, lee 1 Samuel 5 y marca cada referencia, incluyendo los pronombres *del arca de Dios (el arca del Señor,*[6] *el arca del Dios de Israel).* Agrega a la lista de tu cuaderno cualquier nueva apreciación que descubras sobre el arca.

Cuando el arca fue tomada de los israelitas, fue dicho "la gloria se ha ido de Israel" (1 Samuel 4:22). ¿Qué era el arca de Dios? ¿Por qué era tan especial? Mira la descripción del arca:

> El arca, una caja de 1,21 metros de largo por 76 centímetros de ancho y 76 centímetros de altura, estaba construida de madera de acacia y revestida de oro por dentro y por fuera. No se le permitía a nadie tocarla pues simbolizaba la presencia de Dios. Había cuatro argollas de oro a los pies del arca. Por estas argollas se deslizaban varas hechas de madera de acacia y revestidas de oro, para que el arca pudiera ser cargada de un lugar a otro (Éxodo 25:10-22). Únicamente los coatitas (una división de los Levitas) tenían permitido mover el arca.

Cuando el arca estaba en el tabernáculo, la nube de la presencia de Dios flotaba sobre el propiciatorio (Levítico 16:2; 1 Samuel 4:4). El propiciatorio, hecho de oro puro con un querubín de oro a cada lado, cubría el arca del pacto. El día de la expiación, el sumo sacerdote rociaba la sangre del sacrificio sobre el propiciatorio para cubrir los pecados del pueblo (la palabra hebrea para "propiciar" es *kaporeth*, lo cual significa "cubrimiento").

Dentro del arca estaba el testimonio, las tablas de piedra que contenían los diez mandamientos (Éxodo 40:20; Deuteronomio 10:2). Durante algún tiempo, el arca también contenía la vara de Aarón que floreció (Números 17:10) y un jarro de oro con maná (Hebreos 9:4).

El arca tuvo su lugar primeramente en el tabernáculo y luego en el templo. Dios le dijo a Moisés que colocara el arca del pacto en el Lugar Santísimo y prometió: "Allí me encontraré contigo y de sobre el propiciatorio, de entre los dos querubines que están sobre el arca del testimonio, te hablaré acerca de todo lo que he de darte por mandamiento para los hijos de Israel" (Éxodo 25:22).

El arca representaba el trono de Dios. Era dentro del Lugar Santísimo que Dios se reunía con el hombre. Solamente el sumo sacerdote podía entrar al Lugar Santísimo una vez al año—en el Día de la Expiación.

TERCER DÍA

Hoy, vuelve a leer 1 Samuel 5. Traza en el siguiente mapa los viajes del arca como se registran en este capítulo.

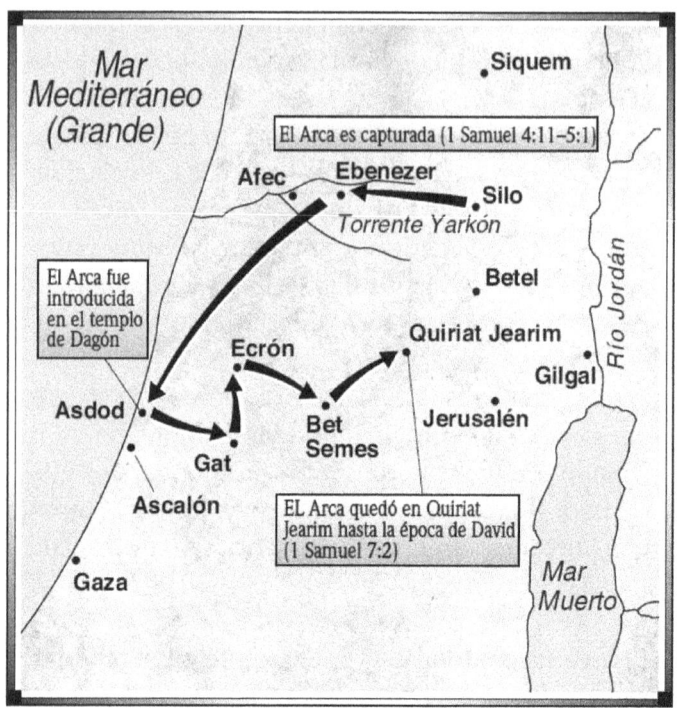

Los Recorridos del Arca

Escribe en tu cuaderno lo que aprendes sobre Dios en este capítulo en la medida que se relacione con el arca de Dios.

Fíjate específicamente en lo que sucede cuando los filisteos llevan el arca de Dios a la casa de Dagón. También observa lo que sucede a quienes tienen el arca bajo su custodia.

> Dagón era la deidad principal adorada por los filisteos. La literatura cananea antigua registra que él era el padre del dios Baal.

Durante este tiempo en la historia, era una práctica común el cortar la cabeza y las manos del líder del ejército vencido y entregarla a la nación vencedora.

Identifica el tema de 1 Samuel 5 y anótalo en el cuadro PANORAMA DE 1 SAMUEL.

CUARTO DÍA

Continúa trazando el movimiento *del arca del Señor* a medida que lees 1 Samuel 6. Marca cada referencia al *arca*. Puedes agregar a la lista de tu cuaderno cualquier hecho pertinente que aprendas sobre el arca del SEÑOR, mientras los evalúas en tu estudio.

Busca y marca cualquier palabra clave como *mal* (un sinónimo de *pecado*). También subraya con doble línea cualquier ubicación geográfica, pues marcar las localidades te ayudará a seguir el movimiento del arca. Después, continúa trazando en el mapa los movimientos del arca de la manera que lo hiciste ayer. Marcar las referencias de tiempo te ayudará a mantener todo bajo contexto.

A medida que continúas agregando información a tu lista del arca, no olvides anotar los efectos que el arca tuvo sobre las diferentes personas que se encontraron con ella. ¿Afectaba únicamente a quienes no eran israelitas? ¿O era Dios imparcial en cuanto a Sus juicios?

Recuerda colocar el tema del capítulo 6 en el cuadro PANORAMA DE 1 SAMUEL y haz una nota de cualquier LPV que puedas aplicar a tu vida.

QUINTO DÍA

Hoy, lee 1 Samuel 7 y marca todas las ubicaciones geográficas. Marca y continúa trazando el viaje *del arca* en tu mapa. Marca cualquier palabra clave que esté anotada en tu separador.

SEXTO DÍA

En 1 Samuel 7:3, observa la lista de instrucciones que Samuel da a la casa de Israel. También observa lo que Dios hará si no obedecen. Numera cada una de estas instrucciones en el orden que aparecen en tu Biblia.

Anota en tu cuaderno las diversas cosas que Samuel y los hijos de Israel hacen en respuesta a la promesa que Dios les dio de librarlos si obedecen. También fíjate en la señal que Samuel estableció y su significado.

Agrega a tu lista cualquier nueva apreciación que tengas sobre Samuel. Este es el capítulo que nos dice que Samuel era juez.

Estudia el cuadro de abajo para determinar dónde encaja la judicatura de Samuel dentro de la historia de los jueces de Israel.

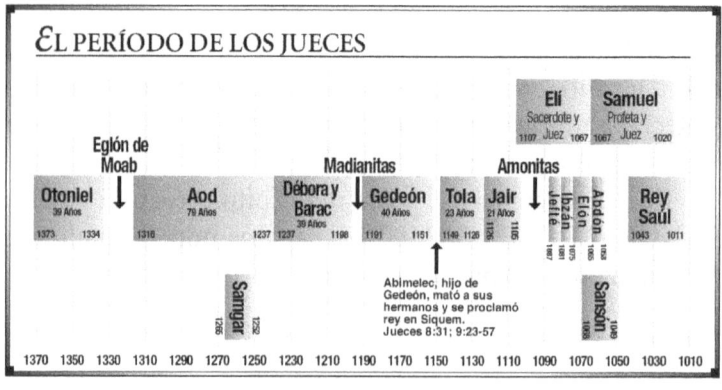

Identifica el tema de este capítulo y anótalo en el cuadro PANORAMA DE 1 SAMUEL.

SÉPTIMO DÍA

 Guarda en tu corazón: 1 Samuel 7:3
Lee y discute: 1 Samuel 4:1-22; 6:19-21; 7:5-11.

Preguntas para la Discusión o Estudio Individual

◦ Lee 1 Samuel 4:1-22. ¿Cuál fue el resultado de la primera batalla contra los filisteos, según se menciona en el capítulo 4?

◦ ¿Por qué medios los ancianos de Israel intentaron obtener un resultado diferente en su siguiente batalla?

   a. ¿De qué dependían para salvarse? ¿Cuál fue el resultado?

   b. ¿Qué eventos le siguieron a esta segunda batalla?

◦ Lee 1 Samuel 7:5-11. Antes de esta batalla, ¿qué pasos tomó Israel que hicieron de esta batalla diferente a las anteriores?

◦ ¿Qué había cambiado?

◦ Discute el curso de acción que tomaron Samuel y los israelitas.

◦ ¿Cuál fue el resultado de esta batalla?

◦ ¿Por qué crees que esta batalla tuvo un final distinto al de las anteriores?

- En 1 Samuel 6:19-21, varios israelitas pierden la vida al mirar dentro del arca. ¿Por qué? ¿Qué aprendes acerca del carácter de Dios a partir de este suceso?

- Resume lo que aprendiste esta semana sobre el arca del pacto y la santidad de Dios. ¿Cómo puedes aplicar esto a tu propia vida?

Pensamiento para la Semana

En nuestro estudio de esta semana vimos mencionadas dos palabras: Icabod y Ebenezer. Estas son palabra fáciles de recordar y llenas de significado. Memorízalas y sé desafiado en tu caminar con el Señor.

Recuerda que tu cuerpo es templo del Espíritu Santo que está en ti y que no te perteneces a ti mismo. Fuiste comprado por precio. Por eso, glorifica al Señor con tu cuerpo. No permitas que ningún hombre diga de ti, "Icabod". Ten cuidado de no permitir ningún ídolo en tu vida y sírvele sólo a Él.

Si recuerdas esto y caminas en obediencia, también podrás levantar una piedra y llamarla Ebenezer y decir confiadamente: "Hasta aquí [me] ha ayudado el SEÑOR" (1 Samuel 7:12).

TERCERA SEMANA

¿Quién Quieres que Gobierne Sobre Ti... Dios o el Hombre?

¿Alguna vez has pensado: "No necesito la ayuda de Dios. ¡Puedo arreglarlo yo solo!"? Quizás sientes que Dios está distante y nada involucrado en tu vida. O talvez has llegado a la conclusión que en realidad a Dios no le importa la manera en que manejas los asuntos de tu vida. Por lo tanto, has decidido resolver tus problemas a tu manera.

Por más de trescientos años, Israel fue dirigido por jueces establecidos por Dios. Ahora la marea estaba a punto de cambiar.

A medida que lees durante esta semana 1 Samuel 8-11, pregúntale a Dios qué lecciones tiene para ti en estos capítulos.

PRIMER DÍA

Lee Jueces 2:6-19 con el fin de establecer el contexto histórico de los capítulos que estudiarás esta semana. Después, lee 1 Samuel 8 y marca cada vez que aparezca la palabra *rey*, incluyendo pronombres y agrega la palabra a tu separador. Simplemente puedes dibujar una corona sobre la palabra: **rey**.

El punto fundamental en la historia de los hijos de Israel ocurre en 1 Samuel 8:7. Dios le dice a Samuel: "no te han desechado a ti, sino que me han desechado a Mí para que no sea rey sobre ellos". Si estás estudiando en la versión

Reina Valera, esta frase aparece traducida de este modo "para que no reine sobre ellos". No queremos que pases por alto lo que Dios está diciendo, de modo que marca la palabra *reinar*; en este caso, del mismo modo que marcaste *rey*.

SEGUNDO DÍA

Lee 1 Samuel 8:1-5 y anota en tu cuaderno el problema que Israel enfrenta y la solución que proponen los ancianos de Israel. Luego lee 1 Samuel 8:19, 20 y haz una lista de las razones por las que el pueblo insiste en un rey.

Finalmente, lee nuevamente todo el capítulo y marca la palabra *tomará*[8]. Observa lo que el rey tomará del pueblo. Enumera estas cosas en el texto de tu Biblia. También observa las consecuencias de tal elección, según el versículo 18.

Identifica el tema de 1 Samuel 8 y anótalo en el cuadro PANORAMA DE 1 SAMUEL.

TERCER DÍA

Antes de profundizar en la lección de hoy, agrega *Saúl* a tu separador. Asegúrate de marcar esta palabra, así como cualquier pronombre que se refiera a él, de la misma manera distintiva.

Ahora, lee 1 Samuel 9 y marca las palabras clave. También marca *hombre de Dios*[9] (y cualquier pronombre o sinónimos que se refieran a él), pero no agregues esta frase a tu separador. ¿Quién es el *hombre de Dios*?

Si obtienes nuevas apreciaciones sobre Samuel, anótalas en tu cuaderno. También anota lo que aprendas sobre Saúl en este capítulo.

Identifica el tema de 1 Samuel 9 y anótalo en el cuadro PANORAMA DE 1 SAMUEL.

CUARTO DÍA

Lee 1 Samuel 10:1-16.

Agrega la frase *Espíritu del Señor*[10] a tu separador, luego lee de nuevo estos versículos y marca las palabras clave y cualquier otra información de tu separador. Mira el papel que Dios desempeña al nombrar a Saúl y el papel de Saúl.

Asegúrate de marcar la frase de tiempo crítica en 1 Samuel 10:8, para que sobresalga en tu texto.

Es interesante hacer notar la mención de "lugar alto" en el versículo 13. El "lugar alto" es donde los profetas subían a adorar a Dios. Como se describe en otros libros del Antiguo Testamento, algunos hombres impíos también levantaban lugares altos para adorar ídolos o dioses extranjeros.

Finalmente, agrega a las listas de Samuel y Saúl cualquier apreciación de este capítulo que quieras recordar de ellos.

QUINTO DÍA

Hoy, termina de leer el capítulo 10. Marca las palabras clave, ubicaciones y referencias de tiempo. No olvides marcar *rey*. Agrega a tu separador la frase *consultar al Señor*[11] y márcala al inicio de este capítulo. Fíjate quién pregunta al Señor y en qué ocasiones. Observa la respuesta del pueblo de Israel en cuanto a la elección de un rey y agrega cualquier nueva apreciación a tus listas de Samuel y Saúl. Asegúrate de ver la posición de Dios en la decisión de poner un rey sobre Israel.

Identifica el tema del capítulo 10 y anótalo en el cuadro PANORAMA DE 1 SAMUEL.

SEXTO DÍA

Lee 1 Samuel 11. Agrega la palabra *pacto*[12] a tu separador de palabras clave. Sin embargo, ten cuidado de no marcar *pacto* de la misma manera en que marcaste *el arca del pacto*, pues el uso de esta palabra tiene un significado diferente.

A medida que lees acerca de la primera batalla de Saúl como líder, marca las demás palabras clave. ¿Qué le sucede a Saúl que le da fuerza para atacar al enemigo? ¿Has visto algo similar en los capítulos anteriores? Si es así, escribe las referencias cruzadas de los sucesos una al lado de la otra en el margen de tu Biblia.

Agrega a la lista de tu cuaderno cualquier apreciación nueva sobre Saúl. Hay un excelente mapa titulado EL ASCENSO DE SAÚL AL REINO en la página 35 que apreciarás mucho después de estudiar los primeros once capítulos de 1 Samuel.

Anota el tema de 1 Samuel 11 en el cuadro PANORAMA DE 1 SAMUEL.

SÉPTIMO DÍA

Guarda en tu corazón: 1 Samuel 8:7.
Lee y discute: 1 Samuel 8:1-22; 10:6, 10; 11:6; Deuteronomio 7:16; Josué 10:42.

PREGUNTAS PARA LA DISCUSIÓN O ESTUDIO INDIVIDUAL

- ¿Cuál es el problema con el liderazgo de Israel en 1 Samuel 8:1-3?

- ¿Qué solución escogieron los israelitas por sí mismos? ¿Reprobó Dios esta solución? Razona tu respuesta.

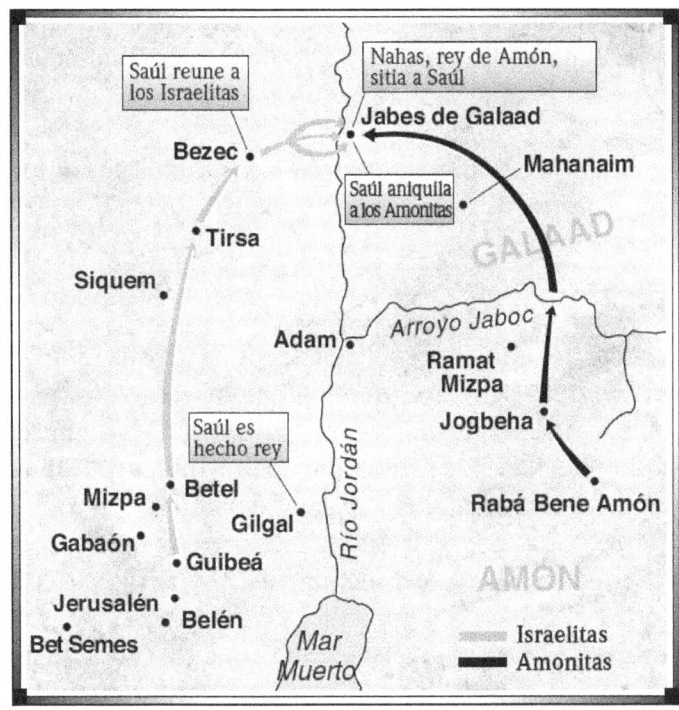

El Ascenso de Saúl al Reino

- Discute las razones que dio el pueblo de Israel para querer que un rey gobernara sobre ellos (8:5, 19, 20).

- Lee Deuteronomio 7:16 y Josué 10:42. ¿Cómo respaldan o desacreditan estos versículos el razonamiento de Israel?

- Discute las consecuencias que Samuel cita de tener un rey que les gobierne, según 1 Samuel 8:10-18. Estas consecuencias, ¿procedían tan sólo del razonamiento de Samuel o de otra fuente diferente a él?

- En 1 Samuel 10:6, 10 y 11:6 se menciona *el Espíritu del Señor* o *Espíritu de Dios*. Discute los sucesos y efectos que tiene *el Espíritu de Dios* en estos pasajes. Asegúrate de mantenerlos en el contexto de los pasajes donde los encuentres.

◦ ¿Qué tipo de cosas o personas colocamos como reyes en nuestra vida en lugar del gobierno de Dios?

Pensamiento para la Semana

Israel tenían un problema legítimo: había hombres corruptos en el liderazgo. Su problema era muy real y requería una solución segura. El pueblo escogió una solución basada en el razonamiento humano, una solución que parecía tener sentido a los ojos del mundo.

Israel razonó que la situación ameritaba un rey que juzgara, gobernara y peleara por ellos. Quería ser como las otras naciones. Sin embargo, *Dios* era el rey de Israel. Entonces se le advirtió a Israel que establecer un monarca humano era despreciar a Dios. Israel no atendió a la advertencia sino que prefirió carne humana visible antes que un Dios invisible.

¿Te atraen las soluciones que muestran autosuficiencia, de manera que estableces tus propios "reyes"? ¿Tiendes a buscar amigos, parientes o tu pastor para que te ayuden a resolver tus problemas antes de buscar a Dios? Pídele al Señor que te muestre si tu confianza en la humanidad sobrepasa tu confianza en Él.

CUARTA SEMANA

¿Qué Ve Dios Cuando Mira Tu Corazón?

¿Qué califica a una persona para ser un hombre o una mujer de Dios? Es un asunto del corazón.

PRIMER DÍA

Lee 1 Samuel 12. Marca las palabras clave de tu separador. Agrega información a tu lista de Samuel, incluyendo todas las advertencias que Samuel da a los hijos de Israel. Observa las instrucciones de Samuel para el pueblo. ¿Qué se promete como resultado de su obediencia? Evalúa tu propia vida a la luz de las instrucciones de Samuel. ¿Estás sirviendo al Señor con todo tu corazón o te estás dedicando a cosas vanas que no aprovechan?

¿Cuál es el significado del suceso que se desarrolla en los versículos 17, 18? ¿Qué estaba tratando de mostrarle Samuel al pueblo? Los patrones del clima eran tales que nunca llovió durante el tiempo de la cosecha en Israel. ¿El conocer este hecho aumenta tu comprensión de por qué esta lluvia era un juicio para ellos?

Identifica el tema del capítulo 12 y anótalo en el cuadro PANORAMA DE 1 SAMUEL.

SEGUNDO DÍA

Lee 1 Samuel 13 y marca cada referencia a *Saúl* y *Samuel*. Agrega también a *Jonatán* en tu separador y las referencias a él (no olvides marcar los pronombres). Cuando termines de leer y marcar el capítulo, empieza una lista sobre Jonatán. Agrega cualquier apreciación nueva que obtengas acerca de Saúl o Samuel. No olvides marcar las frases de tiempo y lugares en este capítulo.

Lee 1 Samuel 10:8 y 1 Samuel 13:8-14. Compara estas dos referencias, evaluando lo que Samuel dijo a Saúl que hiciera y lo que éste hizo. El pecado siempre tiene una consecuencia. ¿Cuáles fueron las consecuencias de la desobediencia de Saúl en este caso?

Escribe 1 Samuel 10:8 y 1 Samuel 13:8-14 como referencias cruzadas, una al lado de otra en el margen de tu Biblia. En otras palabras, anota 1 Samuel 10:8 al lado del 13:8-14 y viceversa.

Identifica el tema de 1 Samuel 13 y anótalo en el cuadro PANORAMA DE 1 SAMUEL. ¿Has recordado escribir cualquier LPV a medida que ves cosas que puedes aplicar a tu vida?

TERCER DÍA

Hoy y mañana estudiarás 1 Samuel 14. Lee hoy 14:1-30 y marca las palabras clave de tu separador. Apunta en tu lista lo que aprendas sobre Jonatán en esta sección. No pases por alto su percepción de la manera en que obra el Señor. Recuerda anotar también las apreciaciones nuevas que encuentres sobre Saúl.

CUARTO DÍA

Hoy, lee el resto del capítulo 14, empezando en el versículo 31. Asegúrate de marcar la frase *acerquémonos a Dios*[13] a medida que marcas las otras palabras clave de tu separador. Agrega cualquier apreciación nueva a tus listas de Jonatán y Saúl. Observa la relación de Jonatán con Dios y con su padre, Saúl. Presta especial atención a la promesa insensata que Saúl hizo y los sucesos que le siguieron.

Lee el mandato que Dios dio a los hijos de Israel en Levítico 3:17 y compáralo con 1 Samuel 14:31-35. También anota Levítico 3:17 como referencia cruzada con el versículo en el capítulo 14 al que concierne.

Identifica el tema de este capítulo y anótalo en el cuadro PANORAMA DE 1 SAMUEL.

QUINTO DÍA

Hoy lee 1 Samuel 15, marca las palabras clave y toda la demás información pertinente. Actualiza tus listas de Saúl y Samuel. Considera cuidadosamente la conversación entre Samuel y Saúl. Observa las acciones de Saúl y su respuesta a Samuel. ¿Qué argumentos proporciona Saúl para lo que hace? ¿Confiesa sus pecados o culpa a otros? Anota las consecuencias de la desobediencia de Saúl.

Examina cuidadosamente 1 Samuel 15:22, 23. ¿Cuán importante es la obediencia? ¿Qué es rebelión? (Lee los versículos 22 y 23 en la versión Reina Valera, si tienes acceso a una).

Identifica el tema de este capítulo y anótalo en el cuadro PANORAMA DE 1 SAMUEL.

SEXTO DÍA

Antes de comenzar a leer 1 Samuel 16, agrega *espíritu malo*[14] y *David* a tu separador. Marca cada mención del nombre de David. Sin embargo, debes percatarte que su nombre es realmente prominente en el resto del libro; por lo tanto, no querrás tener todas esas marcas en tu texto. También marca cualquier otra palabra clave que observes en este capítulo.

Inicia una lista de David en tu cuaderno. Deja espacio suficiente para las apreciaciones que agregarás de 2 Samuel. Recuerda registrar el capítulo y versículo correspondientes al lado de cada apreciación de tu cuaderno.

Ahora observa lo que el Señor mira en 1 Samuel 16:7. ¿Te consuela ese pensamiento?

Identifica el tema del capítulo 16 y anótalo en el cuadro PANORAMA DE 1 SAMUEL.

SÉPTIMO DÍA

 Guarda en tu corazón: 1 Samuel 12:22, 24 y/o 1 Samuel 15:22, 23.

Lee y discute: 1 Samuel 12:12-25; 15:1-35.

PREGUNTAS PARA LA DISCUSIÓN O ESTUDIO INDIVIDUAL

- ¿Qué promesas y advertencias da Samuel al pueblo en 1 Samuel 12:12-15?

- ¿Qué le pidió Samuel a Dios que hiciera para mostrar al pueblo la maldad de su elección (12:17)?

- ¿Cómo respondió el pueblo a la señal milagrosa de Dios (12:18,19)?

- ¿Qué les dice Samuel que hagan en 1 Samuel 12:24, 25?

- Discute la secuencia de sucesos en 1 Samuel 15:35.

    a. ¿Cuáles fueron las instrucciones de Samuel para Saúl?

    b. ¿Cuál fue la respuesta de Saúl?

    c. ¿Cuáles fueron las consecuencias?

    d. ¿Qué verdad aprendiste sobre la obediencia en este capítulo?

- ¿Qué has aprendido sobre la "obediencia parcial"? ¿Cómo crees que se siente Dios por ella en nuestras vidas?

Pensamiento para la Semana

¿Te has dado cuenta alguna vez que la gracia de Dios es suficiente? ¿Han habido en tu vida días, semanas o quizás hasta meses en que has sentido que has defraudado a Dios? ¿Por qué continúa aguantándonos un Dios santo y justo? ¿Por qué continúa amándonos el Creador del universo aún cuando arruinamos las cosas?

Básicamente la nación de Israel le dijo a Dios en su cara: "¡No te necesitamos más! Queremos un rey que gobierne sobre nosotros. Queremos ser como las otras naciones". Las Escrituras dicen que ellos desecharon a Dios. En el capítulo 12, Samuel le dice a Israel que si temen al Señor y le sirven con todo su corazón, la mano todopoderosa del Señor no se volverá contra ellos. Samuel da al pueblo de Israel esta promesa: "Porque el SEÑOR, no desamparará a Su pueblo". ¿Por qué no? ¿Por qué no simplemente los borró de la faz de la tierra? Él podría haber escogido otra nación o incluso iniciar de nuevo y crear otro Israel. Pero no lo hizo. Dios decidió mostrar gracia a Su pueblo por una razón: *"Porque el SEÑOR, a causa de Su gran nombre, no desamparará a Su pueblo, pues el SEÑOR se ha complacido en hacerlos pueblo Suyo" (12:22).*

Dios nos asegura que no se cansará de nosotros. Si regresamos a Él y volvemos nuestros corazones hacia Él, Su gracia todo suficiente cubrirá nuestro pasado y nos limpiará de nuestros pecados. La gracia de Dios se basa solamente en Su gran nombre. Así que, amigo, si has defraudado a Dios o te encuentras en uno de esos momentos en los que te sientes distante de tu Padre celestial, clama a Él en humildad y temor y Sus brazos que perdonan eternamente te abrazarán. Él desea que tu corazón sea uno con el Suyo.

QUINTA SEMANA

¿Puede Dios Realmente Hacer Mi Corazón Como el Suyo? ¿Cómo?

¿Aún será posible ser un hombre o una mujer conforme al corazón de Dios—como lo era David? ¿Crees que puedes tener una relación con Dios como la que tuvo David? ¿Qué se necesita para tener un corazón unido fuertemente al de Dios?

Esta semana verás el contraste entre dos corazones: entre uno entregado a Dios y otro controlado por su propia voluntad. Presta especial atención a David durante el estudio de esta semana para obtener apreciaciones de cómo crecer más cerca de Dios. Tu corazón verdaderamente *puede* ser como el de Dios. Estudia esta semana para descubrir cómo.

PRIMER DÍA

Lee la historia de David y Goliat en 1 Samuel 17 y mira qué nuevas apreciaciones obtienes al estudiar por ti mismo. Anota lo que aprendas sobre David y agrégalo a tu lista. Observa qué lo motiva e inspira. Continúa marcando las palabras clave de tu separador y actualiza las listas de tu cuaderno.

Identifica el tema del capítulo 17 y anótalo en el cuadro PANORAMA DE 1 SAMUEL.

SEGUNDO DÍA

Hoy, lee 1 Samuel 18 y marca las palabras clave. Agrega anotaciones a tus listas de Jonatán, David y Saúl. Asegúrate de marcar la palabra *pacto* y anota en tu lista el intercambio que ocurre entre Jonatán y David según se relacione con el pacto. Observa la razón de este pacto.

Observa también la manera en que David responde a Saúl en cada situación. A medida que observas el carácter y acciones de Saúl y David, pídele a Dios que te revele la verdad sobre tu propio carácter y actitudes. Marca cualquier LPV en el margen de tu Biblia.

Identifica el tema de este capítulo y anótalo en el cuadro PANORAMA DE 1 SAMUEL.

TERCER DÍA

A medida que leas 1 Samuel 19, observa las relaciones entre Jonatán, David y Saúl. Agrega tus observaciones a tus listas. Asegúrate de marcar las frases de tiempo como *entonces* y *cuando*, para que puedas seguir la secuencia de los sucesos en este capítulo. Al marcar las palabras clave, no olvides marcar *Espíritu de Dios* y *espíritu malo*[15], cada una con su propia manera distintiva.

Identifica el tema del capítulo 19 y anótalo en el cuadro PANORAMA DE 1 SAMUEL en la página 62.

CUARTO DÍA

Lee 1 Samuel 20. Anota tus apreciaciones sobre Jonatán y David y su relación de pacto. Vuelve a 1 Samuel 18:1-4, que narra la manera en que entraron en pacto. Observa la extensión del pacto en este capítulo, es decir, a quién incluye.

Apunta en tus listas lo que sucede en los corazones de Jonatán, David y Saúl. También escribe sus acciones. No olvides marcar las palabras clave como *maldad*[16] y *pecado*[17].

Identifica el tema de 1 Samuel 20 y anótalo en el cuadro PANORAMA DE 1 SAMUEL.

QUINTO DÍA

Antes de empezar el trabajo de hoy, agrega *Aquis* a tu separador. Luego, lee 1 Samuel 21 y marca las palabras clave. Marca *Ahimelec*[18] y *Doeg el edomita* en este capítulo (y en la tarea de mañana) y observa lo que hacen. No los agregues a tu separador. Los edomitas se encontraban entre las naciones contra las cuales pelearon Saúl y el ejército de Israel en 1 Samuel 14:47.

No olvides agregar información a tus listas de Saúl y David. Inicia también una lista de Aquis.

Se mencionan varias ubicaciones geográficas en este capítulo. Subraya con doble línea cada ubicación geográfica en el texto y en el mapa de ISRAEL EN LOS DÍAS DE SAMUEL, SÁUL Y DAVID en la página 47.

Anota el tema de este capítulo en el cuadro PANORAMA DE 1 SAMUEL.

SEXTO DÍA

Lee 1 Samuel 22 y, de nuevo, marca las palabras clave. No ignores la descripción de los hombres que se unieron a David. También marca *Ahimelec* y *Doeg el edomita*, y agrega a tu lista cualquier información pertinente que desees recordar sobre ellos, David y Saúl.

Anota el tema del capítulo en el cuadro PANORAMA DE 1 SAMUEL.

SÉPTIMO DÍA

Guarda en tu corazón: 1 Samuel 17:45 o 17:47
Lee y discute: 1 Samuel 17:1-58; 18:1-5; 20:8, 12-17, 42.

PREGUNTAS PARA LA DISCUSIÓN O ESTUDIO INDIVIDUAL

1 Samuel 17:1-58

- ¿Cuál era la ocupación de David cuando se enfrentó a Goliat? ¿Cuál era su posición en su familia (17:12-15)?

- ¿Qué había experimentado David en el pasado, que le dio valor? ¿A quién le dio el crédito?

- ¿Por qué quería David pelear contra Goliat (17:26, 36)?

- ¿Qué armas utilizó David contra el gigante (17:40)? ¿Qué dice en 1 Samuel 17:45?

- Discute lo que David le dice a Goliat antes de la batalla (17:41-47).

1 Samuel 18:1-5; 20:8, 12-17, 42

- Discute el primer pacto que Jonatán hizo con David. ¿Qué motivó la ruptura del pacto? ¿Qué hicieron al entrar en este pacto?

- ¿Qué le recuerda David a Jonatán, al sentir que podría morir en manos de Saúl?

QUINTA SEMANA 47

Israel en los Días de Samuel, Saúl y David

- Discute el nuevo pacto hecho en 1 Samuel 20:12-17. Observa entre quiénes se hace y por cuánto tiempo. ¿A quién se le pide que cuide este pacto?

- Discute las características que observaste en David en tu estudio de esta semana.

- Compara y contrasta tus listas de David y Saúl en base a las observaciones de esta semana.

- ¿Qué puedes aprender de la manera en que David enfrentaba los problemas, a medida que te enfrentas a dificultades en tu vida?

Pensamiento para la Semana

Dios ungió a un hombre nuevo para ser rey sobre Su pueblo y reemplazar a Saúl. Escogió a un joven pastor, David, a quien Dios llamó "un hombre conforme a mi corazón".

David sabía y creía que su Dios era la suprema y máxima autoridad. David sabía que ningún hombre podía detener la mano de Dios o decirle, "¿Qué estás haciendo?" Aún en su enfrentamiento contra Goliat, David reconoció la grandeza de Dios, quien le dio la victoria en una situación aparentemente imposible. Y, ¿qué le motivaba a enfrentar a Goliat? Él quería que todo el mundo supiera que había Dios en Israel.

¿Podría Dios llamarte un hombre o una mujer conforme a Su corazón? ¿Demuestra tu vida a todo el mundo que hay un Dios que gobierna sobre ella? ¿De dónde proviene tu fuerza? ¿Proviene de Dios o del hombre? Dios no ve la apariencia externa sino el corazón. Su deseo es sostener con fuerza a aquellos cuyos corazones son completamente Suyos. ¿Dirían las personas que te conocen mejor, que tu corazón le pertenece completamente a Dios?

SEXTA SEMANA

¿Estás Dispuesto a Dejar que Dios se Enfrente a Tus Enemigos por Ti?

¿Se te ha presentado alguna vez la oportunidad de tomar venganza por tu cuenta, de devolver el dolor que alguien te ha causado? ¿Te has encontrado alguna vez en una situación en la que podrías tomar el asunto en tus manos y obtener un desahogo inmediato y, sin embargo, al mismo tiempo sabías que ese desahogo vendría de tu propia mano y no de la de Dios?

En la lección de esta semana, observa la reacción de David en una situación de este tipo. Pídele a Dios que te muestre Su apreciación y que te dé entendimiento para comprender cómo te guiaría Él en el manejo de tus enemigos.

PRIMER DÍA

Lee 1 Samuel 23 y marca las palabras clave. A medida que lo haces, observa la dependencia de David en Dios. Agrega a las listas en tu cuaderno, tus observaciones sobre David, Saúl y Jonatán. Fíjate qué le dice Jonatán a David en los versículos del 16-18. Recuerda marcar las ubicaciones geográficas y las frases de tiempo.

Identifica el tema del capítulo 23 y anótalo en el cuadro PANORAMA DE 1 SAMUEL.

SEGUNDO DÍA

Hoy, lee 1 Samuel 24, marca las palabras clave y demás información. Marca la palabra *rebelión*[19] en el versículo 11, pues en este caso se usa como sinónimo de pecado. También anota tus observaciones sobre Saúl y David.

A medida que agregas tus apreciaciones de hoy a tus listas, incluye las razones por las que David no levantó su mano contra Saúl. Observa la confesión de Saúl, lo que entendió y su petición a David, así como la manera en que respondió en los versículos 16-22. ¿Hay alguna otra razón por la que David hizo esta promesa? Recuerda el pacto entre David y Jonatán.

Identifica el tema del capítulo 24 y anótalo en el cuadro PANORAMA DE 1 SAMUEL.

TERCER DÍA

Lee 1 Samuel 25 y marca las palabras clave. También marca cualquier referencia sobre *Abigail* y *Nabal*. Escribe la definición del nombre *Nabal*—"insensato, necio"—en el margen de tu Biblia al lado del versículo 25. A medida que anotas tus observaciones de David y las agregas a tu lista, observa cuidadosamente la secuencia de sucesos. Recuerda marcar las ubicaciones geográficas y agregar nuevas apreciaciones a tu lista de Saúl.
Identifica el tema del capítulo 25 y anótalo en el cuadro PANORAMA DE 1 SAMUEL.

CUARTO DÍA

Lee 1 Samuel 26 y marca las palabras clave, las frases de tiempo y las ubicaciones geográficas. Anota en las listas de tu cuaderno lo que hayas aprendido sobre David y Saúl. Incluye las razones que David dio para perdonar a Saúl.

Identifica el tema de 1 Samuel 26 y anótalo en el cuadro PANORAMA DE 1 SAMUEL.

QUINTO DÍA

Lee 1 Samuel 27-28. Marca las palabras clave y las ubicaciones geográficas. Revisa estas ubicaciones en el mapa ISRAEL EN LOS DÍAS DE SAMUEL, SAÚL Y DAVID de la página 47. Agrega lo que aprendiste de Aquis en tu lista sobre él. Actualiza tu lista de observaciones de David y Saúl. Observa lo que Saúl hace en el capítulo 28 cuando el Señor no le responde. ¿Qué estaba mal respecto a lo que hizo Saúl? (Consulta en Deuteronomio 18:10-12 más enseñanzas al respecto). ¿Qué haces cuando Dios no te responde de acuerdo a tu plan?

Identifica los temas de 1 Samuel 27 y 28 y anótalos en el cuadro PANORAMA DE 1 SAMUEL. ¿Ves alguna LPV en estos capítulos?

SEXTO DÍA

Lee 1 Samuel 29-30. Marca las ubicaciones geográficas siguiendo los movimientos de David en el mapa ISRAEL EN LOS DÍAS DE SAMUEL, SAÚL Y DAVID de la página 47.

Lee 1 Samuel 30:6, fíjate en la situación de David y a dónde se vuelve él para adquirir fortaleza. Piensa en su situación, luego piensa en las dificultades que tú tienes o enfrentas actualmente.

Escribe tus apreciaciones sobre David, Saúl y los filisteos.

Identifica los temas de los capítulos 29 y 30 y anótalos en el cuadro PANORAMA DE 1 SAMUEL.

SÉPTIMO DÍA

Guarda en tu corazón: 1 Samuel 26:23a.
Lee y discute: 1 Samuel 23-30.

PREGUNTAS PARA LA DISCUSIÓN O ESTUDIO INDIVIDUAL

- ¿Por qué no mataba David a Saúl? ¿No habría sido mejor sacar a Saúl del camino para que David pudiera asumir el liderazgo de Israel? Después de todo, ¿no había sido David nombrado por Samuel, bajo la instrucción de Dios, para ser el nuevo líder de Israel? ¿Qué declaración hace David sobre lo que Dios haría (26:10)?

- Compara 1 Samuel 26:10 con 27:1. ¿Qué te dice sobre David? ¿Puedes identificarte con ello?

- Discute cualquier pensamiento sobre Saúl en los capítulos 23-30 a medida que consideras tus listas. Asegúrate de mencionar las referencias bíblicas para respaldar tus declaraciones referentes a Saúl.

- ¿Qué aprendiste sobre David en 1 Samuel 23-30? Discute acerca del corazón de David según lo has visto descrito en el texto.

- Después de haber visto las vidas de Samuel, Saúl y Jonatán ¿Qué has aprendido sobre la obediencia a las instrucciones de Dios y las consecuencias de la desobediencia?

Pensamiento para la Semana

¿A quién buscaba complacer David? ¿Estaba buscando sus propios caminos o estaba buscando el corazón de Dios? ¿Qué hay de ti? ¿Qué estás buscando?

La actitud del corazón de David lo distinguió de otros hombres. David había dado el lugar de prominencia a su Dios, tanto en su corazón como en su mente. David comprendió la importancia de seguir la guía y dirección del Señor. Saúl, por otro lado, actuaba siguiendo sus propios planes e impulsos.

Saúl se dejó llevar por la autosuficiencia y la dirección personal. Él no honraba a Dios como Dios. El temor y la inseguridad de Saúl le llevaron a buscar destruir al sustituto que Dios había ungido en su lugar. Pero a quien pensaba destruir se mantuvo firme en su fe y convicción en que Saúl era el ungido de Dios. David estaba dispuesto a esperar en su Dios y confiar en Él incondicionalmente.

¿Confía tranquilamente tu corazón en tu Dios y sus promesas? Si no es así, dentro de poco Él te llevará a ese punto a medida que continúas conociéndolo y pasando tiempo con Él en tu estudio diligente de Su Palabra.

SÉPTIMA SEMANA

TODO HOMBRE MUERE...
PERO, ¿CÓMO?

¡Ah!, el humillante final del hombre que murió por no haber vivido para el Señor. Todo hombre muere, pero no todo hombre vive si es que no vive para el Señor.

PRIMER DÍA

Antes de estudiar el capítulo final de 1 Samuel, necesitas leer los primeros nueve capítulos de 1 Crónicas. A pesar de no ser capítulos de una emocionante lectura, Dios los consideró lo suficientemente importantes como para incluirlos en Su Palabra. Por lo tanto, debemos darles ese lugar de respeto. Estos nueve capítulos realmente te ayudarán a comprender mejor otras Escrituras a medida que estudias 2 Samuel, 1 Crónicas y otras porciones de la Palabra. Te llevaremos por la lección de hoy, paso a paso para que no te pierdas.

Este segmento de 1 Crónicas es principalmente genealógico. Para descubrir el alcance de las genealogías, lee 1:1 y 9:1,2. Fíjate a dónde es transportado Judá en el 9:1 y subraya ese lugar como ubicación geográfica. Luego, en el 9:2 observa dónde están viviendo.

Es importante recordar que Crónicas fue escrito después del regreso de los hijos de Israel de sus 70 años de cautiverio en Babilonia para recordarles "los eventos o cronicas de los días, de los años". Por lo tanto, mantén la fecha de su escritura en mente al estudiar estos capítulos.

Ahora lee 1 Crónicas 1:1-4 y marca los siguientes nombres de manera distintiva: *Adán*, *Noé* y los tres hijos de Noé: *Sem*, *Cam* y *Jafet*. Recuerda que estamos estudiando genealogías.

Después, lee los versículos 5-23 y marca de nuevo de manera distintiva las frases: *los hijos de Jafet, los hijos de Cam* y *los hijos de Sem*. Luego, lee Génesis 10:32 y anota lo que aprendes de estos tres hombres en lo que respecta a los habitantes de este mundo.

Ahora lee 1 Crónicas 1:24-34. Observa quién es el personaje principal en esta porción y los nombres de sus dos hijos. Márcalos y anota su genealogía. ¿Descienden de Sem, Cam o Jafet?

En 1 Crónicas 1:34, observa los nombres de los hijos de Isaac. En Génesis, a Israel se le llamó Jacob cuando nació. Posteriormente, Dios le cambió el nombre a Israel.

Ahora lee 1 Crónicas 2:1, 2. Subraya y enumera los hijos de Israel. El cuadro EL ORDEN DE NACIMIENTO DE LOS HIJOS DE JACOB (ISRAEL) de la página 57 indica el orden en que nacieron sus hijos y los nombres de sus madres.

Marca la frase *los hijos de Judá* en 1 Crónicas 2:3-15 y después busca y marca el nombre *David*. Escribe en tu cuaderno o al margen de tu Biblia la genealogía de David desde Judá hasta su padre, Isaí. Recuerda que el autor de Crónicas proporciona la genealogía de Judá antes que la de los demás hijos de Israel. ¿Por qué? ¿Qué sería importante para los exiliados que regresaban de Babilonia a retomar sus ciudades? Las promesas dadas a David (mantén esto en mente mientras estudias 1 Crónicas 10-19 en la siguiente sección de este libro. Todo esto es paralelo a 2 Samuel 5-10. Estudia la tabla PARALELO HISTÓRICO DE SAMUEL, REYES Y CRÓNICAS, en la página 16).

Identifica los temas de 1 Crónicas 1 y 2 y anótalos en el cuadro PANORAMA DE 1 CRÓNICAS en la página 63. A medida que anotas estos temas, puesto que estás cubriendo las genealogías de estos capítulos, simplemente puedes llamar estos capítulos: *Las Genealogías de* _____. Para luego llenar el espacio con los personajes principales o las tribus que se cubren en las mismas.

N O T A

Orden de nacimiento de los hijos de Jacob (Israel)

Madre	Hijo
Lea	Rubén (nació 1921 a.C.)
	Simeón
	Leví
	Judá
Bilha (sierva de Raquel)	Dan
	Neftalí
Zilpa (sierva de Lea)	Gad
	Aser
Lea	Isacar
	Zabulón
Raquel	José (nació 1914 a.C.)
	Benjamín

SEGUNDO DÍA

Lee 1 Crónicas 3:1-9. En el versículo 1, subraya la frase *los hijos de David* y luego subraya la frase *que le nacieron en Hebrón*[20]. En el versículo 5, subraya *éstos le nacieron en Jerusalén*[21]. Haz una lista de los hijos de David en el margen de tu Biblia o en la lista de tu cuaderno.

Luego lee 1 Crónicas 3:10-16, que indica la línea de reyes que surgen de David por medio de Salomón y Roboam. En los versículos 17-24, puedes ver la lista de los hijos de Jeconías. Esto lo estudiarás junto con los otros reyes cuando realices el estudio de la *Nueva Serie de Estudio*

Inductivo sobre 1 y 2 Reyes y 2 Crónicas.

Identifica el tema de 1 Crónicas 3 y anótalo en el cuadro PANORAMA DE 1 CRÓNICAS en la página 63.

TERCER DÍA

Lee hoy 1 Crónicas 4-5. Cada vez que encuentres la mención de uno de los doce hijos de Israel, márcala de manera distintiva. Esta lista también se encuentra en 1 Crónicas 2:1, 2.

En 1 Crónicas 5:1, 2, observa a quién se le otorga el derecho de primogenitura de Rubén. Al lado de este versículo escribe "los hijos de José: Manasés y Efraín". Cuando encuentres una mención de Manasés o la media tribu de Manasés, márcala de manera distintiva. Manasés se nombra dos veces, puesto que la tribu se dividió al repartirse Canaán. La mitad de la tribu tomó la tierra al este del Jordán y la otra mitad tomó el oeste del Jordán. Por esta razón, se hace referencia a la media tribu de Manasés. No olvides identificar los temas de los capítulos y anotarlos en el cuadro PANORAMA DE 1 CRÓNICAS.

CUARTO DÍA

Lee 1 Crónicas 6-7. Subraya quiénes eran los hijos de Leví y enuméralos en el texto o escríbelos en el margen de tu Biblia al lado de 1 Crónicas 6:1. Luego, marca de manera distintiva cada vez que se presente una lista de los hijos de estos tres hombres, o sea *los hijos de Gersón, Coat y Merari*.

Es interesante hacer notar las asignaciones que algunos de ellos recibieron en 1 Crónicas 6:31. Fíjate también en el contraste entre 1 Crónicas 6:48 y 49.

Identifica los temas de los capítulos 6 y 7 y anótalos en el cuadro PANORAMA DE 1 CRÓNICAS en la página 63.

QUINTO DÍA

Lee 1 Crónicas 8. A medida que lees este capítulo, presta atención a la mención de Saúl, su padre y sus hijos. Observa particularmente a Jonatán y el nombre de su hijo, Merib-baal. A Merib-baal se le llama Mefiboset en 2 Samuel 4:4. Esto es algo que notarás al hacer tu estudio de 2 Samuel. Agrega cualquier apreciación nueva a las listas de Saúl y Jonatán en tu cuaderno.

Hay cuadros de los árboles genealógicos de Saúl y David en las páginas 70 y 71. Cuando veas el cuadro ÁRBOL GENEALÓGICO DE SAÚL, verás a dos individuos llamados Mefiboset. Asegúrate de estudiar al hijo de Jonatán y no al hijo de la concubina de Saúl.

Ahora lee 1 Crónicas 9. Observa por qué Judá (que incluye a las tribus de Judá y Benjamín) fue llevada al cautiverio y a dónde fue llevada (el Reino del Norte, que incluía las otras diez tribus, fue llevado al cautiverio por los asirios en el año 722 a. C.) Al leer este capítulo, observa los porteros y sus tareas. También es interesante hacer notar el versículo 33, pues te muestra el lugar y la prioridad de la adoración. También verás una segunda recopilación de la genealogía de Saúl en este capítulo. Si obtienes apreciaciones nuevas sobre Saúl, agrégalas a tu lista.

Anota el tema de los capítulos 8-9 en el cuadro PANORAMA DE 1 CRÓNICAS.

SEXTO DÍA

Hoy regresaremos al capítulo final de 1 Samuel. Lee 1 Crónicas 10 y luego 1 Samuel 31. Marca las palabras clave *Saúl*, *Jonatán* y *David*, subraya con doble línea las ubicaciones geográficas y marca las frases de tiempo como lo hiciste anteriormente. Fíjate en las apreciaciones nuevas que surgen de estos dos relatos del mismo suceso. A medida que lees estos relatos, recuerda los nombres de los hijos de Saúl dados en 1 Crónicas 9:39. Compáralos con los mencionados en 1 Crónicas 10:2. Fíjate a qué hijo de Saúl no mataron. También advierte la causa de la muerte de Saúl en 1 Crónicas 10. Agrega cualquier apreciación nueva a tu lista de Saúl, Jonatán y David.

Anota los temas de 1 Samuel 31 y 1 Crónicas 10 en sus respectivos cuadros de PANORAMA. Después, agradece al Señor por haberte traído hasta este punto en tu estudio. Has llegado a un punto significativo, querido amigo y te felicitamos por ello. ¿Hay algún principio bíblico que puedas aplicar a tu vida? Si es así, anota cualquier LPV y escríbela en el margen de tu Biblia o en tu cuaderno.

SÉPTIMO DÍA

 Guarda en tu corazón: 1 Crónicas 10:13a o el versículo completo.

Lee y discute: 1 Samuel 31:1-13; 1 Crónicas 10:13, 14.

PREGUNTAS PARA LA DISCUSIÓN O ESTUDIO INDIVIDUAL

ೲ Discute la muerte de Saúl. Cubre las seis preguntas básicas detallando todos los hechos: ¿Quién? ¿Qué?

¿Cómo? ¿Cuándo? ¿Dónde? y ¿Por qué? ¿Cuál era el nombre del hijo de Saúl que sobrevivió?

- Discute la vida de Saúl. ¿Qué aprendes de la lista que hiciste sobre Saúl? ¿Qué aprendes de su vida que puedas aplicar a tu propia vida o al mundo y sociedad en la que vives?

- ¿Cuál es la verdad más significativa que aprendiste en tu estudio de 1 Samuel y 1 Crónicas 1-10?

Pensamiento para la Semana

Todo hombre muere, pero no todo hombre vive. Saúl empezó bien pero murió en derrota, su cabeza fue separada de su cuerpo, de su corazón. Parece que al ascender a un puesto prominente perdió su temor a Aquel que le permitió ser rey sobre Israel. Él no guardó la Palabra de Dios. Escuchó las palabras de los hombres y buscó el consejo de una hechicera. Saúl caminó en obediencia parcial. Debido a la manera en que vivió Saúl, Dios tuvo que buscar a otro hombre para ser rey —uno conforme a Su corazón.

Si tú hubieras vivido en ese entonces, de la manera en que vives ahora, ¿habrías sido otro David? ¿Habrías sido un hombre o una mujer conforme al corazón de Dios?

Panorama General de 1 Samuel

Tema de 1 Samuel

DIVISIÓN POR SECCIONES

Autor:

TEMAS DE LOS CAPÍTULOS

Trasfondo Histórico:

Propósito:

Palabras Clave:

	Samuel, el último Juez	1	
		2	
		3	
		4	
		5	
		6	
		7	
	De Samuel a Saúl / De Jueces a Reyes	8	
		9	
		10	
		11	
		12	
		13	
		14	
		15	
	La Preparación de otro Rey	16	
		17	
		18	
		19	
		20	
		21	
		22	
		23	
		24	
		25	
		26	
		27	
		28	
		29	
		30	
		31	

Panorama General de 1 Crónicas

Tema de 1 Crónicas:

DIVISIÓN POR SECCIONES

	Divisiones Principales	Ch	Temas de los Capítulos
	Las Genealogías de Israel	1	
		2	
		3	
		4	
		5	
		6	
		7	
		8	
		9	
	Dios entrega el Reino a David	10	
		11	
		12	
		13	
		14	
		15	
		16	
		17	
		18	
		19	
	David construye el Altar Se prepara para la Casa de Dios	20	
		21	
		22	
		23	
		24	
		25	
		26	
		27	
		28	
		29	

Autor:

Trasfondo Histórico:

Propósito:

Palabras Clave:

Segunda de Samuel

PRIMERA SEMANA

¿Qué Haces Cuando Todo se Viene Abajo?

Saúl había muerto. Is-boset, hijo de Saúl, fue nombrado entonces rey sobre todo Israel. Los hombres de Judá por su parte nombraron a David como rey sobre la casa de Judá. Esto resultó en una larga guerra entre la casa de Saúl y la casa de David. Hubo muchos asesinatos. Israel mató a sus propios hijos.

El país que una vez estuvo unido por el gobierno de Dios, ahora se separaba. Los enemigos de David, dentro y fuera de Israel, buscaban su vida. La situación no era buena. Todo se estaba viniendo abajo. Y David estaba desesperado.

¿Puedes identificarte con esto? El mantener la calma cuando todo se viene abajo siempre resulta difícil, ¿no es así? En esta semana, a medida que observes las reacciones de David, podrás aprender invaluables lecciones acerca de cómo mantenerte firme aún cuando el mundo parezca derribarse.

PRIMER DÍA

A medida que empezamos nuestro estudio de 2 Samuel, sitúate dentro del contexto leyendo 1 Samuel 30-31. Conforme lees, observa dónde está David geográficamente al final del capítulo 30. También fíjate dónde está Saúl cuando muere. Consulta el mapa de LA MUERTE DE SAÚL

Y SUS HIJOS que encuentras a continuación. Después, ubica este mapa dentro de un contexto mayor en el mapa ISRAEL EN LOS DÍAS DE SAMUEL, SAÚL Y DAVID, página 47. Al terminar, lee 2 Samuel 1 y subraya con doble línea cualquier referencia a estas mismas ubicaciones. Marcar las ubicaciones geográficas pertinentes a lo largo de este estudio te mantendrá dentro de contexto.

Fíjate en la proclamación de David relacionada con los montes de Gilboa (en la actualidad, es sorprendente conducir a través de esos áridos "montes" en Israel para ver con tus propios ojos el cumplimiento de las palabras de David y detenerte en las excavaciones del teatro en Bet-sán para ver el antiguo tel [montículo arqueológico de tierra] donde el cuerpo de Saúl fue clavado al muro de la ciudad).

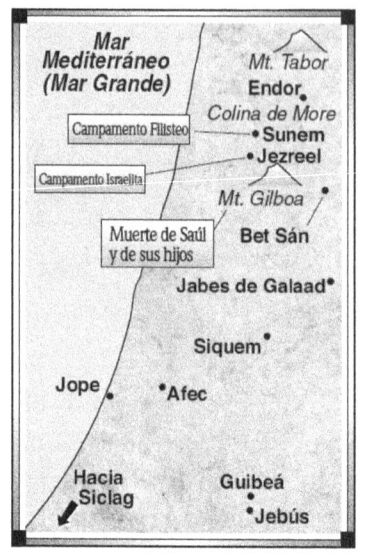

Muerte de Saúl y Sus Hijos

SEGUNDO DÍA

Lee hoy nuevamente 2 Samuel 1. Luego compara la descripción de la muerte de Saúl con lo descrito en 1 Samuel 31:1-6. A medida que lees la descripción en 2 Samuel, advierte quién trajo a David la noticia de la muerte de Saúl, quién es este hombre (versículo 13), qué le dice a David sobre la muerte de Saúl y por qué crees que hace esto. Escribe tus apreciaciones de este hombre en tu cuaderno. Después, teniendo en mente que las Escrituras no se contradicen, responde la pregunta: "¿desde qué punto de vista se escribió 2 Samuel?"

Asegúrate de observar cómo responde David a la muerte de Saúl, según se registra en el capítulo 1. Al terminar de leer el capítulo, repasa 1 Samuel 15:1-20 y presta atención a las diversas referencias que se hacen de los amalecitas. A propósito, cuando estudies el libro de Ester, descubrirás que Amán, quien quería destruir a los judíos, era un amalecita.

Identifica el tema del capítulo 1 y anótalo en el cuadro PANORAMA DE 2 SAMUEL en la página 113.

TERCER DÍA

Utilizarás el mismo separador que hiciste en tu estudio de 1 Samuel. Por lo tanto, lee 2 Samuel 2 marcando las mismas palabras clave que marcaste en 1 Samuel. Agrega *Abner, Joab* e *Is-boset* a tu separador. Lee 1 Crónicas 2:13-16 y observa la relación de Joab y sus hermanos con David. Anota las apreciaciones que obtengas de cada una de estas personas en listas individuales en tu cuaderno. A Is-boset también se le llama Es-baal. Puedes apreciar esto en el cuadro ÁRBOL GENEALÓGICO DE SAÚL en la siguiente página. Consulta este cuadro para comprender mejor la familia de Saúl. Al terminar de escribir tus apreciaciones, anota todo lo que aprendas sobre David en 2 Samuel 1 y 2.

A medida que lees el capítulo 2, no olvides marcar la frase *David consultó al Señor*.[1] Observa cómo busca David la dirección de Dios para cada uno de sus movimientos y cómo responde Dios.

Recuerda subrayar con doble línea las ubicaciones geográficas. Las frases de tiempo también son importantes, así que márcalas con un círculo, como hiciste en 1 Samuel. Según lo que has visto en este pasaje, ¿puedes entender alguna de las razones por las que Hebrón es tan importante para Israel?

No olvides anotar el tema de este capítulo en el cuadro PANORAMA DE 2 SAMUEL.

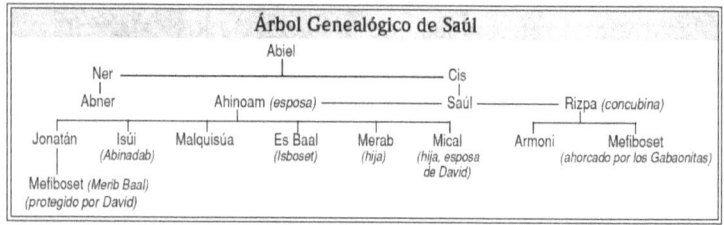

CUARTO DÍA

Lee 2 Samuel 3 hoy. Marca las palabras clave y agrega a tus listas cualquier nueva apreciación que obtengas de los personajes principales que se mencionan en este capítulo. Incluye en la lista de Abner las palabras que él dice en 2 Samuel 3:9, 10. Observa que aún los enemigos de David le reconocían como rey sobre Israel nombrado por el Señor. Anota las reacciones de David a los eventos del capítulo 3 en la lista que iniciaste en 1 Samuel.

En 2 Samuel 3:2-5 hay un registro de los hijos de David y sus respectivas madres. El cuadro ÁRBOL GENEALÓGICO DE DAVID que está a continuación te dará una imagen visual del linaje de David. Es de mucha ayuda mantener esto en mente al estudiar la familia de David.

Identifica el tema de este capítulo y anótalo en el cuadro PANORAMA DE 2 SAMUEL.

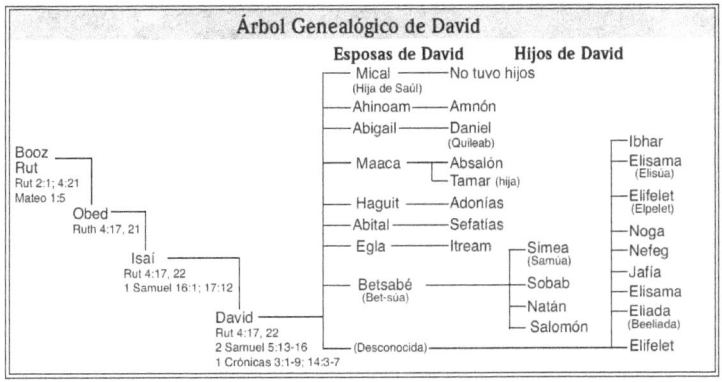

QUINTO DÍA

Lee 2 Samuel 4 al 5. Fíjate en lo que aprendes de los personajes que has estado siguiendo en tu estudio. Registra tus observaciones en tus listas. Marca las palabras clave, frases de tiempo y subraya las referencias geográficas. También inicia una lista de Mefiboset; más adelante agregarás otras observaciones, así que deja suficiente espacio para información adicional.

A medida que lees y marcas 2 Samuel 4, observa cómo responde David al asesinato de Is-boset. Luego, haz una lista de todo lo que puedes aprender del capítulo 5 cuando David llega a ser rey.

Fíjate en quiénes reconocen a David como rey, el período de su reinado en relación a las diversas tribus, qué es David para estas personas y de qué se percata David con respecto a esto. También fíjate en los lugares donde reina y el marco temporal de estos reinados.

Finalmente, observa la dependencia de David en el Señor para recibir dirección. ¿Hay alguna lección para tu vida (LPV) en todo esto? Anota los temas de 2 Samuel 4 y 5.

SEXTO DÍA

Hoy necesitamos ir a 1 Crónicas 10:13-12:40. En este pasaje descubrirás aún más acerca de este período en la vida de David. También verás enseñanzas sobre los grandes hombres de David y cómo fueron atraídos en pos de él. Marca las mismas palabras clave que has marcado en 1 y 2 Samuel. Busca y marca cualquier referencia de tiempo y ubicaciones geográficas. Fíjate como se le llama a Jerusalén en 1 Crónicas y también el nombre que se da al pueblo que vivía en esa área.

No olvides agregar a tu lista de David cualquier apreciación nueva que obtengas sobre él.

Identifica los temas de 1 Crónicas 10, 11 y 12 y anótalos en el cuadro PANORAMA DE 1 CRÓNICAS.

SÉPTIMO DÍA

 Guarda en tu corazón: 2 Samuel 5:10.
Lee y discute: 1 Samuel 31:1-6; 2 Samuel 1-5.

Preguntas para la Discusión o Estudio Individual

- ¿Por qué hizo David duelo por la muerte de Saúl? David amaba a Jonatán como a un hermano, pero ¿qué sentía por Saúl?

- ¿Cuál fue la reacción de David después de oír de la muerte de Saúl y Jonatán? Compara la reacción de David con las acciones de Saúl hacia él en el pasado.

- ¿Cómo respondió David al amalecita? ¿Por qué respondió de esa manera?

- Compara la historia del amalecita con el relato dado en 1 Samuel 31:1-6. ¿Qué habrá motivado al amalecita para decirle a David que él había matado a Saúl (2 Samuel 1:5-11)? ¿De qué volvía David en 2 Samuel 1:1?

- Discute lo que aprendiste de David con relación a la muerte de Abner. ¿Qué aprendes de la actitud del corazón de David (2 Samuel 3:31-39)?

- Discute lo que aprendiste sobre el ascenso de David al reino. Discute las diversas etapas, cómo llega a gobernar sobre las 12 tribus y el papel de Dios en todo esto. ¿Qué aprendes de Dios a partir de la vida de David? ¿Cómo puedes aplicar esto a tu vida?

- En 2 Samuel 5:17-25 se mencionan dos guerras contra lo filisteos. Compara las instrucciones de Dios y las acciones de David en cada una de ellas.

- ¿Qué está claro en cuanto a la relación de David con el Señor en 2 Samuel 5:17-25? ¿A dónde recurre David en tiempo de necesidad? ¿Qué hay de ti? ¿Buscas la sabiduría del Señor de manera consistente para las decisiones que tomas en tu vida?

- Discute tus apreciaciones de David obtenidas en los primeros cinco capítulos de 2 Samuel.

Pensamiento para la Semana

El rival de David, el rey Saúl, murió. El general opositor también murió. Los ejércitos que han peleado en contra de David ahora unen sus fuerzas a él y le juran lealtad. Sin embargo, David nunca celebra la noticia de la muerte de sus enemigos, ni se enseñorea sobre los hombres que han pasado a ser parte de sus fuerzas. En cambio, hace duelo, llora y ayuna. David mantiene su enfoque en Dios, no en sus propias circunstancias—sean éstas de derrota o victoria. David comprendió completamente la soberanía de Dios—Dios tiene el control de las circunstancias de la vida. David comprendió que la gloria pertenecía a Dios.

Durante una crisis, ¿predomina en tus pensamientos el señorío (soberanía) de Dios sobre tus circunstancias? ¿Buscas Su dirección continuamente? ¿Puedes confiar en Él para que te guíe? ¿Lo haces? ¿Estás dispuesto a someterte a Su liderazgo aún cuando tome giros inesperados o cuando no sea la respuesta que tu querías o la dirección que esperabas seguir? O, en ese momento, ¿decides llegar a un "arreglo" y tratas de encajar tu propio plan en el Suyo?

¿Qué aprendiste de la vida de David? Recuerda, las cosas que fueron escritas, lo fueron para animarnos. Camina a la luz de lo que estás aprendiendo sobre el Dios de David... y el tuyo.

Escucha lo que Él te dice. Puedes confiar en Él y tú puedes cambiar.

SEGUNDA SEMANA

¿Qué Pasa Cuando No Buscas a Dios a Su Manera?

Al realizar el estudio de esta semana, verás cómo necesitamos asegurarnos que en nuestro entusiasmo por servir a Dios realmente lo hagamos a Su manera... y no a la nuestra.

PRIMER DÍA

2 de Samuel 6 es un capítulo muy interesante y significativo que se centra en el arca del pacto. Por lo tanto, marca cada referencia al *arca (el arca de Dios, el arca del Señor, el arca del pacto de Dios)*, de la misma manera que lo hiciste en 1 Samuel. Recuerda marcar los pronombres que se refieren a Su arca. También marca todas las referencias de tiempo y toma nota de cualquier ubicación geográfica. Luego, al terminar este capítulo, lee la descripción del mismo suceso en 1 Crónicas 13 y marca *el arca de nuestro Dios*.

Al terminar de leer 1 Crónicas 13, lee Números 4:4-16. Anota esta referencia cruzada. Identifica el tema de estos capítulos y anótalos en el cuadro de PANORAMA apropiado.

SEGUNDO DÍA

Nuestro enfoque para hoy será 1 Crónicas 14-15. A medida que lees el capítulo 14 y marcas las palabras clave de tu separador, observa lo que finalmente le ocurre a David—de qué se percata en este capítulo. Fíjate en cómo se da a conocer su reputación, quién está detrás de todo y por qué.

Luego, lee el capítulo 15 y marca las palabras clave. Una vez más, presta especial atención a lo que aprendes sobre el arca y lo que David ha aprendido con respecto a mover el arca. Agrega a tu lista del arca tus observaciones de este capítulo. Marca *el arca del Señor Dios de Israel*[2] y *el arca del pacto del Señor*[3] del mismo modo que marcaste las referencias previas del arca.

¿Recuerdas que ayer leíste cómo Mical, la esposa de David, respondió a las danzas de David frente al arca? Compara lo que aprendiste ayer y hoy con 1 Samuel 18:20, 21. Este pasaje puede ayudar a explicar por qué Mical reaccionó así ante David. Fíjate en las consecuencias de su comportamiento, según lo relata 2 Samuel.

Escribe cualquier apreciación nueva que obtengas de David en la lista que ya tienes sobre él.

Finalmente, no olvides anotar los temas de estos dos capítulos en el cuadro PANORAMA DE 1 CRÓNICAS.

TERCER DÍA

Concentraremos nuestra atención en 1 Crónicas 16. Este es un maravilloso capítulo para ampliar nuestra comprensión de la adoración. Léelo cuidadosamente, marcando cada una de las palabras clave y prestando atención especial a quién hace qué. Agrega estas nuevas apreciaciones a tu lista del arca.

La palabra pacto es muy importante en este pasaje. Puesto que es una palabra clave, ya debiste haberla marcado y también sus pronombres. Sin embargo, asegúrate de distinguirla de las referencias al arca del pacto de Dios. Anota lo que aprendes acerca de Dios y Su compromiso con Sus pactos en este capítulo.

¿Recuerdas cuando leíste esos capítulos tan largos y complicados al inicio de 1 Crónicas? Ahora es tiempo de cosechar algunos beneficios de tu diligencia. Al lado de 1 Crónicas 16:41, escribe 1 Crónicas 6:31-39 como referencia cruzada y luego lee nuevamente este pasaje. ¿Qué aprendes sobre la importancia de la alabanza y la acción de gracias?

Anota el tema de este capítulo en el cuadro PANORAMA DE 1 CRÓNICAS.

CUARTO DÍA

Lee 2 Samuel 7 y 1 Crónicas 17. En estos capítulos conocerás a una persona importante, Natán. Haz una lista en tu cuaderno de las cosas que aprendes de él.

A medida que lees, marca las palabras clave y frases de tiempo (incluyendo la frase para *siempre*). Marca también la palabra *establecer*[4] *(establecido)*[5] en 2 Samuel 7 y 1 Crónicas 17 y agrega la palabra *casa* a tu separador. Sin embargo, marca solamente la palabra casa si se refiere a la "casa de Dios"— *no* a la "casa (familia) de David". Agrega cualquier apreciación nueva que obtengas del arca y de David a la lista en tu cuaderno. Fíjate tanto en el sentido de temor que tiene David a la palabra de Dios por medio del profeta Natán como en la manera en que responde a lo que Natán le dice.

También escribe qué dice Dios concerniente a la descendencia de David en 2 Samuel 7:12-16 y qué aprendes del corazón de David hacia Dios en 2 Samuel 7:18-29.

Identifica los temas de los capítulos y regístralos en los cuadros de Panorama General.

QUINTO DÍA

A medida que lees 2 Samuel 8, ¿cuál es la frase que se repite en los versículos 6 y 14 con respecto a Dios? ¿Te ayuda a comprender por qué David fue prosperado? Anota tus apreciaciones de David. También marca cualquier palabra clave de tu separador.

Ahora lee 1 Crónicas 18 para obtener apreciaciones adicionales y marca las mismas palabras clave.

Identifica los temas del capítulo y anótalos en sus respectivos cuadros de PANORAMA.

SEXTO DÍA

Lee 2 Samuel 9, que es, sin lugar a duda, un capítulo esclarecedor e interesante. Te encontrarás nuevamente con Mefiboset. Observa cuidadosamente lo que aprendes de él y agrégalo a la lista que empezaste al leer 2 Samuel 4:4. Márcalos como referencias cruzadas en el margen de tu Biblia como lo has hecho antes. Después, para refrescar tu memoria, vuelve a leer acerca del pacto entre Jonatán y David en 1 Samuel 20:14-17, 42. Debe hacerte comprender la gravedad de hacer un pacto y mantenerte firme a él. Marca cualquier palabra clave y agrégala a tus listas.

Identifica el tema de 2 Samuel 9 y anótalo en el cuadro PANORAMA DE 2 SAMUEL.

SÉPTIMO DÍA

Guarda en tu corazón: 1 Crónicas 15:13b.
Lee y discute: Números 4:4-16; 1 Crónicas 13; 15:25-29; 2 Samuel 7:12-17; 9:1-13.

PREGUNTAS PARA LA DISCUSIÓN O ESTUDIO INDIVIDUAL

1 Crónicas 13; 15:25-29; 16

- ¿Dónde había estado el arca del pacto antes que David decidiera moverla? ¿Por cuánto tiempo había estado allí? ¿Qué motivó a David a moverla?

- Discute lo que sucedió cuando trajeron el arca de Quiriat-jearim.

- ¿Por qué mató Dios a Uza? ¿Cómo respondió David?

- ¿Qué te dice esto acerca de Dios? Asegúrate de discutir Números 4:4-16.

- ¿Tienen tales apreciaciones algún impacto o efecto en tu relación con Dios?

- ¿En dónde termina el arca? ¿Cómo llega allí?

- ¿Qué aprendes de Dios a partir del agradecimiento de Asaf y sus familiares? ¿Y por qué Asaf y sus familiares?

2 Samuel 7:12-17

- ¿Cuál era el deseo de David? ¿Se cumpliría? ¿Cómo?

- ¿Qué promesas dio Dios a David con respecto a la casa de David—el futuro de sus descendientes?

2 Samuel 9

- ¿Quién era Mefiboset?

- ¿Qué le sucedió cuando niño? ¿Por qué?

- ¿Por qué fue tan bueno David con Mefiboset? ¿Qué hizo David por él?

- ¿Qué te enseña este relato sobre el establecimiento de un pacto?

- ¿Habló Dios personalmente a tu corazón en esta semana? ¿Cómo? ¿Qué impacto ha tenido esta lección en tu comprensión o relación con Dios? ¿Alterará la manera en que piensas o te comportas? ¿Sí, no? ¿Por qué? ¿Cómo?

Pensamiento para la Semana

En cada página del estudio de esta semana, viste en varias situaciones de la vida, la gravedad y la importancia de tomar la Palabra de Dios en serio. Jeremías 1:12 dice, "porque Yo velo sobre Mi palabra para cumplirla". Y hemos visto cuán verdadero es esto.

No importa cuánto tiempo haya pasado desde que Dios dio Sus mandamientos, Sus instrucciones, la revelación de Su corazón o Su deseo en cuanto a diversos asuntos. Tenemos amplia evidencia que Él espera que le "busquemos conforme a la ordenanza" (1 Crónicas 15:13). No debemos elegir nuestro camino por sobre Su camino.

No importa cuán nobles sean nuestras intenciones, aún si son tan nobles como las de David al intentar restablecer el arca del pacto a su lugar adecuado en la vida de la nación; lo que hacemos debe hacerse a la manera de Dios. Dios es un Dios Santo y cuando no cumplimos con Su ordenanza no lo estamos tratando como Santo.

A pesar que David no trasladó el arca de acuerdo a las instrucciones específicas de Dios y, por lo tanto, cosechó las consecuencias, lo vemos honrando su pacto con Jonatán al extender su misericordia al hijo de Jonatán, Mefiboset. ¿Acaso no éramos como Mefiboset antes de ser salvos—corriendo, escondiéndonos, viviendo con temor en un lugar árido porque ignorábamos el pacto hecho a nuestro favor? Un pacto de gracia que nos concede el derecho de vivir con el Rey de reyes, cenar a Su mesa para siempre, ser "servidos" por el Espíritu de Dios, quien nos da a conocer nuestra heredad debido al pacto—aún cuando todos somos cojos, por así decirlo, de ambos pies.

"Vengan y cenen", llama el Maestro. "Vengan y cenen". ¡Puedes festejar a la mesa de Jesús en cualquier momento... aún si quedaste cojo de ambos pies al huir de Él por tu pecado! Puedes festejar porque el nuevo pacto ha sido establecido para ti en la muerte, sepultura y resurrección de Jesucristo. El Espíritu de Dios te ha sido dado y has sido hecho heredero de Dios, coheredero con Jesucristo. Ahora, querido amigo, pon en orden tu vida de acuerdo a Él.

¿Qué Pasa Cuando el Pecado Pasa Inadvertido?

En nuestros días de relativismo moral, la mayoría de personas piensa que mientras no forcen su estilo de vida sobre los demás, su propio comportamiento es un asunto de elección personal. ¿Deberían preocuparse otros por la manera en que vives? ¿Le importa a alguien lo que haces en privado? O ¿las consecuencias de la desobediencia, pecado y rebelión afectan también las vidas de otros a tu alrededor? Si es así, ¿qué tan profundas y extensas son esas consecuencias? ¿Cuánto puede durar una consecuencia?

Esta semana examinaremos los aspectos demasiado humanos de la vida de David...y esperamos aprender algunas lecciones para nuestras propias vidas.

PRIMER DÍA

Lee 2 Samuel 10 y 1 Crónicas 19. Verás un interesante relato que demuestra la gravedad de poner atención a sospechas injustificadas y sin fundamento de otras personas. Marca las palabras clave pertinentes, frases de tiempo y ubicaciones. También agrega apreciaciones a tu lista de David y anota el tema de cada capítulo en su respectivo cuadro de PANORAMA.

A medida que lees la Palabra de Dios, encontrarás a menudo amonestaciones—exhortaciones a ser fuerte y valiente. Lee 2 Samuel 10:12, después encuentra y marca el versículo paralelo en 1 Crónicas 19. ¿Cuál es la lección para la vida en estos versículos? Anótalo en el margen de tu Biblia o resalta el versículo. Luego lee Josué 1:6-9 y observa de dónde proviene la valentía.

Esfuérzate y sé valiente, querido amigo.

SEGUNDO DÍA

Lee 2 Samuel 11 y marca las palabras clave. También marca toda referencia a *Urías*. Al terminar, haz una lista de todo lo que aprendiste de Urías. Después, contrasta el comportamiento de David con el de Urías. Escribe tus apreciaciones de David en la lista de tu cuaderno. Al hacerlo, observa lo que sucedió cuando David trató de ocultar su pecado en vez de confesarlo y abandonarlo. Lee Proverbios 28:13.

Identifica el tema de este capítulo y anótalo en el cuadro PANORAMA DE 2 SAMUEL.

TERCER DÍA

Lee 2 Samuel 11:26-12:31. Observa cuidadosamente los personajes principales de este pasaje y el papel que cada uno desempeña en la serie de sucesos que ocurren. Al leer, presta especial atención a todo lo que el Señor hace en este capítulo. Al hacerlo, verás el corazón y los caminos de Dios con respecto al comportamiento desobediente de quienes le pertenecen.

Marca las palabras clave de tu separador y todas las referencias a *Natán* y la frase *por eso David rogó a Dios*.[6]

Agrega apreciaciones a tus listas de David y Natán.

Asegúrate de anotar las consecuencias del pecado de David, especialmente la manera en que respondió al ser confrontado (versículos 13 y 14).

En este capítulo, se nos presenta a *Salomón*. Inicia una lista sobre Salomón y asegúrate de anotar el nombre que Dios le dio.

A propósito, ¿has considerado que cuando pecas, los enemigos de Dios tienen oportunidad de blasfemar contra Él?

Identifica y anota el tema del capítulo 12 en el cuadro PANORAMA DE 2 SAMUEL.

CUARTO DÍA

Lee 2 Samuel 13. Marca las palabras clave y todas las referencias a *Tamar, Amnón* y *Absalón*. Registra las referencias de tiempo y sigue la secuencia de eventos. Haz una lista de lo que has aprendido al observar a Tamar y Amnón. Fíjate en el problema de Amnón y cómo se manejó. Al leer, observa el cambio que ocurre en Amnón en el versículo 15. Observa que el pecado de Amnón con Tamar empezó con engaño (13:5, 6).

También inicia una lista de apreciaciones de Absalón. ¿Cuánto tiempo estaba dispuesto a esperar antes de vengar a su hermana (versículo 23)? ¿Cuáles fueron las consecuencias de sus actos (2 Samuel 13:37-39)?

Identifica y anota el tema de este capítulo en el cuadro PANORAMA DE 2 SAMUEL.

QUINTO DÍA

Lee 2 Samuel 14. Este capítulo tiene muchas enseñanzas valiosas acerca de las relaciones—búscalas y medita en ellas. Hay mucho que aprender a medida que observas las vidas y reacciones de las personas mencionadas en este capítulo. Busca las lecciones para la vida (LPV) que puedas anotar en el margen de tu Biblia.

Marca las palabras clave de tu separador. Anota lo que aprendas de David y Absalón en las listas de tu cuaderno. Además, después de haber marcado las referencias sobre *Joab*, haz una lista de lo que aprendas de él y observa cuidadosamente el papel que desempeña en el regreso de Absalón. Subraya las ubicaciones geográficas, marca las frases de tiempo y fíjate en la secuencia de eventos.

Identifica y anota el tema de este capítulo en el cuadro PANORAMA DE 2 SAMUEL.

SEXTO DÍA

Lee 2 Samuel 15. Agrega *Ahitofel* a tu separador y empieza una lista de lo que aprendas de él. Marca las referencias al *arca del pacto de Dios (el arca de Dios)* y agrega tus apreciaciones a la lista de David. Marca otras palabras clave de tu separador y continúa agregando información a tus listas.

¿Observaste un cambio en Absalón al leer el capítulo 15? Escribe tus apreciaciones sobre Absalón en tu cuaderno. También enumera lo que aprendes al observar la respuesta de David a estos sucesos. Observa su quebrantamiento y sumisión ante Dios. Finalmente, observa cuidadosamente la oración de David en 2 Samuel 15:31 y después, a medida que lees la lección de la próxima semana, observa cómo Dios contestó su oración.

Identifica y anota el tema de este capítulo en el cuadro PANORAMA DE 2 SAMUEL.

SÉPTIMO DÍA

 Guarda en tu corazón: Proverbios 28:13.
Lee y discute: Génesis 3:1-7; 2 Samuel 11-15.

Preguntas para la Discusión o Estudio Individual

༓ Discute las circunstancias que rodean el pecado de David relacionado con Betsabé y Urías y la secuencia de los sucesos involucrados en ambos casos. ¿Qué debía haber estado haciendo David (2 Samuel 11:1)? Lee el registro del pecado original en Génesis 3:1-7. Toma nota de la progresión de las acciones de Eva que la llevaron a su acto final de desobediencia. ¿Ves algún paralelo entre Génesis 3 y el relato de los pecados de David?

༓ ¿Cómo le llevó el primer pecado de David al siguiente y al siguiente? Discute la secuencia de estos pecados y la manera en que surgieron. ¿Qué aprendes de este ejemplo, que puedas aplicar a tu vida?

༓ ¿Qué motivó a Natán a confrontar a David (2 Samuel 12:1)? ¿Cómo se acerco Natán a David? ¿Qué puedes aprender sobre cómo confrontar a líderes que han pecado?

༓ ¿Cuándo confesó David sus pecados?

༓ ¿Cuáles fueron las consecuencias de su(s) pecado(s)? Discute las consecuencias inmediatas y a largo plazo que se registran en 2 Samuel 13-15.

༓ ¿Cómo se expresó la gracia de Dios para David?

- Discute otras características que observaste en la vida de David esta semana, al ver la manera en que trató con Absalón.

- Discute el efecto que el pecado tiene sobre el pecador y cómo afecta la vida de otros.

- Discute la manera en que la sociedad trata con el pecado en la actualidad. ¿A dónde crees que nos llevará? ¿Cómo crees que responderá Dios? ¿Por qué? ¿Parece Él responder o ignorar o pasar por alto nuestro pecado? ¿Ha cambiado la posición de Dios con respecto al pecado?

- ¿Cómo manejas el pecado en tu vida? ¿Estás propenso a encubrir tu pecado? ¿Por qué?

- Discute lo que ves en la vida de David a partir de los sucesos de 2 Samuel 15. ¿Qué ves en este hombre en 15:25, 26? ¿Confiarías en Dios de esta manera?

- ¿Qué has aprendido personalmente en esta semana?

Pensamiento para la Semana

David fue un hombre de disciplina, dedicación y determinación. Un hombre escogido y nombrado por Dios para reinar sobre Su pueblo escogido. Su compromiso con el llamado de Dios se evidenciaba en la manera que vivía.

Al recopilar tus apreciaciones sobre David, viste su humildad—sorprendiéndose porque Dios lo escogió, sometiéndose a Su voluntad y Sus tratos con él, consultándole a Dios, buscando y obedeciendo Su consejo, honrando a Saúl, esperando en Dios… confiando en Dios.

David era un líder fiel a su Dios, un pastor diligente de Su pueblo.

Entonces, una primavera, mientras su ejército iba a la guerra, David, el guerrero valiente, decidió quedarse atrás. Esa decisión aparentemente insignificante colocó a David en una posición vulnerable. Cuando surgió la tentación, David no retuvo sus emociones ni sometió sus deseos a los propósitos del Dios al que amaba y servía. En su lugar, dio rienda suelta a los deseos de su carne. Y, a pesar de estar consciente de su pecado y enterado del perdón y la misericordia de Dios, continuó su camino en descenso en la deslizante caída que le llevaría más allá de lo que quería—un camino que le costaría mucho más de lo que jamás había soñado. El pecado es así. Sus placeres duran únicamente un corto tiempo.

¿Está interviniendo Dios en este momento? ¿Te está llamando a entregar cuentas, amigo, así como llamó a David por medio del profeta Natán? Al igual que Natán fue enviado por Dios para confrontar a David, sin dejar espacio para la negación, exponiendo el horror de sus pecados y las consecuencias de su comportamiento, ¿ha utilizado Dios el estudio de esta semana para hacer lo mismo en tu vida?

¿Cómo responderás? ¿Será como respondió David—sin excusarse, sin culpar a otros, sino simplemente confesando y tomando responsabilidad por sus actos? David fue enfrentado cara a cara con la verdad de su propio comportamiento. En lugar de excusarse o culpar a otros, David confesó y se arrepintió por completo. A pesar de las consecuencias que vinieron, David no se amargó. Las sobrellevó como hombre...un hombre cuyo corazón era de Dios, un hombre que confiaba tanto en su Dios que pudo decir, "que haga conmigo como bien Le parezca" (2 Samuel 15:26).

Una cosa es pecar...otra cosa es no estar de acuerdo con Dios en que pecado es pecado y que es digno de Su juicio.

Y otra muy diferente es no creerle a Dios cuando dice: "el Señor ha quitado tu pecado"(2 Samuel 12:13). Si tu corazón es de Dios, tu respuesta será como la de David en el Salmo 51. Reconocerás que finalmente es contra Dios que has pecado y que sólo Él puede perdonarte y restaurar el gozo de tu salvación.

Recuerda que "los sacrificios de Dios son un espíritu contrito; un corazón contrito y humillado, oh Dios, no despreciarás" (Salmos 51:17). Recuerda que nunca es demasiado tarde para responder a las diversas maneras en que Dios está tratando de alcanzarte. Dios te perdonará y limpiará, no importa lo que hayas hecho. Pasa un tiempo a solas con Dios, pídele que te revele las áreas vulnerables que existen en ti, por no haberlo seguido de todo corazón en algunas áreas. Después sé obediente a lo que Él te diga.

¿Hay Seguridad en Dios, Aun Cuando las Probabilidades Humanas Están en Tu Contra?

Guerra civil. Ejércitos con gigantes. Las maldiciones de los hombres. Traición de la familia y amigos. ¡Esta semana tiene de todo! Lee, amigo, para ver cómo un hijo de Dios puede sobrevivir este trauma.

PRIMER DÍA

A medida que lees 2 Samuel 16 y marcas las palabras clave, leerás más de Mefiboset y su sirviente Siba. Para refrescar tu memoria sobre Mefiboset, regresa a las notas en tu cuaderno o lee 2 Samuel 4:4-9. A medida que lees esta semana, verás que en esta situación hay mucho más de lo que salta a la vista.

Observa el consejo que Ahitofel da a Absalón. También presta especial atención a lo que sucede con Simei, pues lo estudiarás esta semana otra vez.

Observa la confianza de David en el hecho de que sus circunstancias están bajo el control del Señor (16:5-13). Compara 2 Samuel 16:20-23 con 2 Samuel 12:11. Marca estas citas como referencias cruzadas en el margen de tu Biblia.

Identifica y anota el tema de este capítulo en el cuadro PANORAMA DE 2 SAMUEL.

SEGUNDO DÍA

Al leer y marcar 2 Samuel 17, no pases por alto la soberanía de Dios que predomina por sobre el consejo del hombre. De hecho, debes marcar cada referencia a *consejo*[7] y en este capítulo. Agrega nuevas observaciones a tus listas de David, Absalón y Ahitofel.

Fíjate en la diferencia entre la actitud de David hacia la muerte del rey Saúl (1 Samuel 24:6, 26:9-11) y la actitud de Absalón en cuanto a querer matar a David, el rey, en el capítulo 17.

Recuerda anotar el tema del capítulo.

TERCER DÍA

Lee 2 Samuel 18. Marca tus palabras clave y agrega información a tus listas. Al terminar 1 y 2 Samuel, tendrás anotaciones muy valiosas acerca de estas personas que son parte de la historia de Israel y con esas anotaciones tendrás un gran tesoro de enseñanzas acerca de cómo la relación de un hombre con el Señor y con sus compañeros forma su carácter y el resultado de su vida.

Al leer el versículo 33, repasa la relación de David con Absalón. ¿Qué habría sucedido si David hubiese restablecido la relación con su hijo después que éste mató a Amnón por haber violado a Tamar? A pesar que nunca lo sabremos, vale la pena considerarlo en cuanto a nuestras relaciones con quienes nos han fallado de una u otra manera.

Anota el tema de 2 Samuel 18 en el cuadro PANORAMA DE 2 SAMUEL.

CUARTO DÍA

Dividiremos la tarea de la lectura de hoy en 2 Samuel 19, así que lee únicamente los versículos 1-23. Busca y marca cualquier forma de la frase *hacer volver al rey*.[8]

Al llegar a 2 Samuel 19:16-23, recuerda que conociste por primera vez a Simei en 2 Samuel 16:5-13. Fíjate en cómo Simei responde a David ahora que ha sido aceptado como rey. Será interesante ver lo que sucede a Simei cuando estudies 1 y 2 Reyes y 2 Crónicas. Te animamos a empezar con ese estudio tan pronto termines con éste. Si deseas conocer el corazón de Dios, debes continuar en Su Palabra; 1 y 2 Reyes es el siguiente paso natural, pues no es más que la continuación de este estudio.

QUINTO DÍA

Termina de observar y marcar 2 Samuel 19:24-43. Compara esta descripción de Mefiboset con lo que Siba dice en 2 Samuel 16:1-4. ¿Cuál parece ser la verdad y por qué? ¿Qué aprendes en este pasaje acerca de oír lo que otros dicen?

Anota el tema de 2 Samuel 19 en tu cuadro de PANORAMA.

SEXTO DÍA

Los problemas de David aún no han terminado. Lee 2 Samuel 20 y conoce a Seba. Observa cómo un hombre puede hacer que toda una multitud—diez tribus para ser exactos—se revele. Mira también cómo el sabio consejo de una mujer puede salvar a una ciudad. Marca las palabras clave y anota el tema del capítulo.

SÉPTIMO DÍA

Guarda en tu corazón: 2 Samuel 16:12.
Lee y discute: 2 Samuel 16:1-14; 19:16-30; 15:31; 16:20-24; 18:33-19:13.

PREGUNTAS PARA LA DISCUSIÓN O ESTUDIO INDIVIDUAL

2 Samuel 16:1-14; 19:16-30

- Discute todo lo aprendido acerca de Mefiboset en 2 Samuel a la luz de las seis preguntas básicas. Discute la lealtad o falta de lealtad de Mefiboset, tomando en cuenta lo que David hizo por él y por qué, lo que Siba reportó y por qué, la condición de Mefiboset cuando se encontró con David y su respuesta. ¿Qué lecciones puedes aprender y aplicar a tu vida en estos relatos?

- Discute qué aprendes de lo que Simei respondió a David y la respuesta que David le dio a él... ¿o fue a Dios? ¿Qué aprendes de estos incidentes?

2 Samuel 15:31; 16:20-24

- ¿Cuál fue la oración de David en cuanto al consejo de Ahitofel? ¿Fue el consejo de Ahitofel una insensatez? ¿Cómo respondió Dios a la oración de David?

- ¿Hizo David algo para participar en la respuesta a su oración? ¿Qué te parece? ¿Fue David castigado por ello? ¿Qué aprendes de este relato?

- ¿Qué aprendes de esto que puedas aplicar a tu vida?

2 Samuel 18:33-19:13

- ¿Cómo murió Absalón? ¿Crees que fue un simple azar del destino que lo tomó por sorpresa?

- ¿Qué aprendiste al observar la vida de Absalón? ¿Qué aprendiste de la respuesta de David a su hijo y su reacción al momento de su muerte? ¿Qué parecía desear David?

- Discute las palabras de Joab para David con respecto al luto sobre la muerte de su hijo. ¿Cuál es la respuesta de David a Joab? Discute 2 Samuel 19:13.

- ¿Qué aprendiste de marcar la frase *hacer volver al rey*?

- ¿Le mostró Dios favor a David? ¿Vio la aflicción de David y le devolvió bien en lugar de maldición?

- ¿Qué has aprendido de estos capítulos que puedas aplicar a tu propia vida? Discute lo que has aprendido acerca de Dios...y acerca de la respuesta apropiada del hombre en el día de adversidad.

Pensamiento para la Semana

David fue un hombre que anhelaba el corazón de Dios y, a pesar de no ser perfecto, Dios siempre estuvo allí para él en el día de adversidad. David lo sabía. Así que cuando su hijo lo traicionó, cuando su propio pueblo se levantó contra él y se desató una guerra civil en torno a él, cuando fue maldecido públicamente y aparentemente traicionado por la persona a quien él mismo había mostrado misericordia guardando su pacto, a pesar de todo esto, David sabía de dónde vendría su liberación. "Quizá el SEÑOR mire mi aflicción y me devuelva bien por su (la de Simei) maldición de hoy." (2 Samuel 16:12).

Querido amigo, amado de Dios, ¿caminas con la misma confianza? Seguramente como has estudiado la vida de David, has visto cómo Dios se mueve a favor de aquellos cuyos corazones son completamente Suyos, a pesar que tropiezan sobre sus propios pies de barro.

Aunque no sabemos lo que sucede en tu vida en este momento, sí sabemos que si se trata de amargura y dolor implacables, el Dios de David esta allí...capaz de mostrarse fuerte en tu lugar. Así que camina al ritmo de Su corazón, a la luz de Su consejo. Recuerda que Dios es soberano y que Él puede, con un soplo de Su omnipotencia, cambiar el curso de los sucesos siempre que sea lo mejor para ti... y para Su gloria.

QUINTA SEMANA

Cuando Dios Valida los Pactos de los Hombres

A medida que estudies esta semana, verás la solemnidad de guardar un pacto hecho en la presencia de un Dios guardador de pactos—y te dará seguridad sobre la fidelidad del Dios que vigila Su Palabra para cumplirla.

PRIMER DÍA

Lee 2 Samuel 21:1-14 muy cuidadosamente. En este pasaje hay lecciones muy importantes sobre la solemnidad de hacer un pacto con otra persona y guardarlo. Marca las palabras clave, frases de tiempo y ubicaciones geográficas, haz una referencia cruzada de este pasaje con Josué 9. Aprenderás más acerca del pacto hecho entre Israel y los gabaonitas en Josué 9. No hay ningún relato bíblico que describa la violación de Saúl a este pacto, excepto por su mención en este relato. Sin embargo, sabemos que realmente ocurrió debido a este pasaje. A medida que estudies lo que David hizo para detener el hambre, encontrarás de mucha ayuda consultar el cuadro ÁRBOL GENEALÓGICO DE SAÚL en la página 70.

Agrega nuevas apreciaciones a tus listas de David y Mefiboset. Observa cómo David honra el pacto que hizo con Jonatán concerniente a sus descendientes (1 Samuel 20:12-23, 42).

SEGUNDO DÍA

Lee 2 Samuel 21:15-22 y después 1 Crónicas 20:1-3, que es paralelo a 2 Samuel 12:26-31 que ya hemos estudiado. Marca las palabras clave en 2 Samuel 21:15-22 y 1 Crónicas 20:4-8. Luego identifica y anota los temas de estos capítulos en sus cuadros apropiados de PANORAMA.

TERCER DÍA

Pasaremos los siguientes tres días estudiando un capítulo increíble—2 Samuel 22. Está lleno de asombrosas enseñanzas de Dios y lo que significa tenerle como tu Dios. Queremos que estudies este capítulo en partes pequeñas para que tengas el tiempo adecuado para meditar en sus maravillosos preceptos de la vida.

Lee en el versículo 1 el propósito de este canto y lee después los primeros 18 versículos. Enumera en tu cuaderno lo que David hace y cómo responde Dios. Advertir estas apreciaciones ministrará a tu corazón. Cuando termines, habla con Dios sobre lo que has aprendido de Él. Pídele que te muestre cómo estas verdades se han hecho realidad en tu vida...y después pasa algún tiempo adorándole y agradeciéndole por quién es.

Anota cualquier LPV en el margen de tu Biblia.

CUARTO DÍA

Lee 2 Samuel 22:19-31, siguiendo el mismo formato de ayer. Marca cada referencia de *justicia* y *pureza*[9]. También marca de manera distintiva cada vez que aparezca *íntegro*[10].

QUINTO DÍA

Termina de leer nuevamente 2 Samuel 22:32-51, siguiendo las instrucciones de los últimos dos días. Asegúrate de tomar un momento para meditar, alabar y adorar a medida que te das cuenta que ¡2 Samuel 22:2-51 es el Salmo 18! No dejes de marcar *íntegro*[11] en el versículo 33. Luego identifica y anota el tema de este capítulo en el cuadro PANORAMA DE 2 SAMUEL.

SEXTO DÍA

Tu tarea para este día es 2 Samuel 23. Al leer el versículo 1, observa cómo David se describe a sí mismo y cuáles son sus últimas palabras. También fíjate cómo 2 Samuel 23:1, 2 *comprueba* que los salmos de David ¡son inspirados divinamente! Después, a medida que avanzas en la descripción de los hombres valientes de David, subraya el nombre de cada uno de ellos. Hay algunas historias interesantes de las hazañas de estos valientes que creemos disfrutarás mucho. Además debes fijarte quién trae la victoria. La recopilación de estos hombres se encuentra también en 1 Crónicas 11, que ya estudiaste (recuerda que Crónicas se escribió después del tiempo del cautiverio de los hijos de Israel para darles ánimo mientras volvían a su tierra. 1 y 2 Samuel y 1 y 2 Reyes se escribieron antes del cautiverio. Por lo tanto, el material de Crónicas se expone de manera distinta).

Marca las palabras clave y agrega a tu lista nuevas apreciaciones sobre David. Identifica y anota el tema del capítulo 23 en el cuadro PANORAMA DE 2 SAMUEL.

SÉPTIMO DÍA

Guarda en tu corazón: 2 Samuel 22:29 o 32, 33.
Lee y discute: 2 Samuel 21; Josué 9:1-27; 2 Samuel 12:13; 23:20-33.

Preguntas para la Discusión o Estudio Individual

2 Samuel 21:1-14; Josué 9:1-27

- De acuerdo a 2 Samuel 21, ¿qué consecuencias sufrieron David y la nación de Israel por el pecado?

- ¿Qué aprendes de la gravedad del pacto con los gabaonitas? Puedes revisar Josué 9:1-27.

- ¿El pecado de quién trajo estas consecuencias?

- ¿Qué debía hacer David para salvar a Israel del hambre?

- ¿Por qué perdonó David a Mefiboset?

- ¿Qué has aprendido sobre la importancia de hacer un pacto? ¿Qué te dice acerca de hacer un pacto con Dios?

2 Samuel 23:20-33; 12:13

- En este pasaje David se describe a sí mismo como íntegro. Él dice que ha guardado los caminos del Señor, se ha apartado de la iniquidad. Él habla acerca de su integridad delante de Dios. ¿Cómo puede decir estas cosas de sí mismo habiendo pecado con Betsabé y, en esencia, haber ordenado la muerte del esposo de Betsabé, Urías?

- Lee 2 Samuel 12:13. ¿Qué te dice esto sobre la comprensión y aceptación del perdón de Dios por parte de David?

- ¿Cómo tratas con tus pecados... con tu fracaso al caminar en justicia? ¿Podrías decir lo mismo que David dice en estos versículos? ¿Por qué? ¿Sobre qué bases?

- Si has confesado y abandonado tus pecados y no puedes decir lo mismo que David, ¿le estás creyendo a Dios? Si no es así, ¿qué te dice esto en cuanto a tu comprensión de Dios y tu fe en Su Palabra?

- ¿Qué otras enseñanzas te bendijeron al meditar en 2 Samuel 23?

Pensamiento para la Semana

Hacer un pacto con Dios es un asunto solemne. Como has visto esta semana, Dios cuida los pactos hechos por los hombres y los llama a cuentas. Por supuesto, esto es lo que Jonatán pidió cuando hizo el pacto con David y dijo: "El Señor lo demande de la mano de los enemigos de David" (1 Samuel 20:16).

Si Dios cuida los pactos de los hombres, cuánto más cuidará los que Él hace. Ésta, es la razón por la que puedes estar seguro de recibir perdón cuando lo pides. De esto se trata el nuevo pacto—"éste es el pacto que haré... pues perdonaré su maldad y no me acordaré más de su pecado" (Jeremías 31:33, 34). Entonces, amigo, esta es la razón por la cual tú, junto con David, puedes decir que eres íntegro delante de Dios.

Por lo tanto, recuerda que Dios es tu fortaleza y que Él pone al íntegro en Su camino y te lleva hacia el supremo llamamiento del pacto que estableció para ti por medio de la sangre de Su Hijo unigénito.

SEXTA SEMANA

SÉ FUERTE Y VALIENTE...
ÉL ES TU ROCA, TU FORTALEZA

¿Alguna vez te has preguntado si vale la pena vivir de manera distinta al mudo? ¿Vivir en obediencia a Dios? Como lo verás esta semana nuevamente, la vida de David presenta un testimonio adecuado sobre las consecuencias de la desobediencia y las bendiciones de la obediencia.

PRIMER DÍA

Lee 2 Samuel 24. A medida que marcas las palabras clave, ubicaciones geográficas y frases de tiempo, marca también cualquier referencia al *ángel del* SEÑOR[12] *(el ángel)* de manera distintiva o con color. Recuerda marcar las referencias a *iniquidad (pecado)*[13].

Te animamos a enumerar en el texto las tres opciones que se le dieron a David en el versículo 13. A medida que escribes tus apreciaciones, observa las últimas acciones de David—su respuesta al darse cuenta de su pecado (24:10). También observa por qué escogió ese juicio (2 Samuel 24:14).

Al identificar y anotar el tema de este capítulo en el cuadro PANORAMA DE 2 SAMUEL, tendrás un registro completo de los temas principales de cada capítulo de este libro. ¡Felicitaciones! Si tienes una *Biblia de Estudio Inductivo*, querrás anotar estos temas en el cuadro PANORAMA encontrados al final de 2 Samuel.

SEGUNDO DÍA

Al completar 2 Samuel, es tiempo de terminar 1 Crónicas, lo cual harás en el resto del estudio de esta semana. Tu tarea de hoy es leer 1 Crónicas 21 para obtener mejores apreciaciones sobre los sucesos que leíste ayer.

Marca las mismas palabras clave que marcaste ayer.[14] Presta especial atención a las frases de tiempo y las ubicaciones geográficas. También observa que a Arauná, el dueño de la era que compró David, también se le llama Ornán. Ornán era jebuseo.

A medida que vas leyendo este capítulo, aprenderás mucho más acerca del ángel del Señor. Por eso, puede serte útil hacer en tu cuaderno una lista de tus apreciaciones.

Al llegar al capítulo 28, lee 1 Crónicas 22:2. Observa dónde estaba el tabernáculo del Señor en ese tiempo y dónde sería construida la casa del Señor. La era de Ornán está en el monte del templo en Jerusalén, donde se encuentra la Cúpula de la Roca y la Mezquita Al-Aqsa actualmente. Mira 2 Crónicas 3:1. Escribe esta referencia cruzada en tu Biblia junto al lugar apropiado en 1 Crónicas 21 y 2 Samuel 24.

Saber todo esto hace que las noticias sobre Israel sean más relevantes, ¿no es así?

Anota el tema de 1 Crónicas 21 en el cuadro PANORAMA DE 1 CRÓNICAS.

TERCER DÍA

Lee 1 Crónicas 22-23. Presta especial atención a lo que aprendes respecto a la casa de Dios, a medida que marcas las palabras clave. Observa quién la construirá, por qué la construirán, quién provee para la construcción, cómo será, dónde estará ubicada y lo que Dios dice al respecto. Observa las órdenes de David a los líderes de Israel.

Hacer un estudio completo de esto te permitirá apreciar mejor las controversias que ocurren en la ciudad de Jerusalén—sobre la ciudad en sí y sobre el área del monte del templo. Presta cuidadosa atención a 1 Crónicas 23:25. Observa cómo se describe a Dios en este versículo y el lugar donde habita perpetuamente.

Anota los temas de estos capítulos en el cuadro PANORAMA DE 1 CRÓNICAS.

CUARTO DÍA

Aunque tu tarea de lectura para hoy estará llena de enseñanzas, puede ser un poco agotadora. Sin embargo, es necesario si vas a conocer el contenido de 1 Crónicas.

Recuerda que Crónicas es el recuento de "los eventos, o las crónicas de los días, los años" tal como verás en esta sección al leer acerca de las tareas y las cantidades de hombres asignados a diversas tareas. Todo esto se registró después del cautiverio como importante recordatorio para que los hijos de Israel restauraran nuevamente el templo y la apropiada adoración a su Santo Dios. Estos hechos son una gran fuente de información para Israel, pues el pueblo reconstruirá el templo algún día y adorarán en él otra vez.

Al leer los capítulos 24-27, busca los versículos clave de cada capítulo que te den una explicación más amplia del contenido del mismo. Al leer los capítulos 24-27, observarás que la información se centra en los descendientes de Aarón y la tribu de Leví. Así que busca los versículos clave como 24:1-7, 19; 25:1-8, etc.

Marca las palabras clave...observando especialmente las referencias a *la casa del Señor* (*la casa de Dios)*. ¿Qué aprendes acerca de la casa del Señor? Haz una lista de ello en tu cuaderno.

Al terminar tu tarea, felicítate por tu diligencia y después anota los temas de los cuatro capítulos en el cuadro de PANORAMA.

QUINTO DÍA

Conforme lees y marcas 1 Crónicas 28, asegúrate de leer lo suficientemente despacio y a fondo para no pasar por alto lo que se dice acerca de/y a Salomón. Hay maravillosas lecciones para la vida en este capítulo... valiosas advertencias que los padres deben dar a sus hijos.

Marca las palabras clave y después toma notas cuidadosamente sobre Salomón y David. Observa la manera en que David sabía cómo instruir a Salomón con respecto a la casa del Señor y todos sus utensilios.

Anota el tema del capítulo.

SEXTO DÍA

Bien, amigo, hemos llegado al capítulo final de 1 Crónicas. Has perseverado y te felicitamos. Sabemos que si vives a la luz de lo que has aprendido, verdaderamente llegarás a ser un gran hombre o una gran mujer de Dios. Nuestra oración por ti se encuentra en el versículo 19, "y da a [ti] un corazón perfecto para que guarde Tus mandamientos, Tus testimonios y Tus estatutos, para que los cumpla todos...". El templo que se está construyendo ahora es el mencionado en Efesios 2:19-22, pues eres fiel a tu llamado para proclamar el glorioso evangelio de nuestro Señor Jesucristo.

Nuestra pregunta es: "¿estás seguro, sin sombra de duda, que eres parte de ese templo?" Si no, entonces debes arrepentirte—cambiar tu manera de pensar sobre quién es Dios y quién es Cristo Jesús—y responder adecuadamente. Dios es tu Creador y fuiste creado para Su placer. Por lo tanto, debes vivir para Él, no para ti mismo.

Vivir para ti mismo es caminar a tu manera y eso es pecado. Naciste en pecado, vives en pecado y, por lo tanto, eres esclavo del pecado. Pero Jesucristo, quien es uno con Dios, con el mismo carácter y atributos, dejó el cielo para ser hombre.

Jesús nació de una virgen llamada María para llegar a ser carne y sangre, como tú, y poder morir en tu lugar. Él pagó el precio por tu pecado, la muerte. Y esa muerte no es solamente física sino espiritual, la cual te separa de Dios para siempre en un lugar que Él preparó para el diablo y sus ángeles—el lago de fuego. El lago de fuego también es llamado la muerte segunda, como lo verás cuando hagas el Estudio Inductivo de Apocalipsis, ¡He Aquí, Jesús Viene!

Pero Dios, que no estaba dispuesto a que ninguno pereciera en el lago de fuego eterno, te amó tanto que crucificó a Su propio Hijo por ti, colocando todos tus pecados y los pecados de la humanidad sobre Jesús, quien nunca pecó. Debido a que Jesús no tenía pecado, la muerte y la tumba no podían retenerlo. Sin embargo, debido a que la santa justicia de Dios estaba satisfecha por el sacrificio de Jesús, Él le levantó de entre los muertos, garantizando que todo el que se arrepienta y crea en el Señor Jesucristo tendrá perdón de pecados y recibirá el regalo de la vida eterna.

Creer significa "poner tu confianza en lo que Dios dice de Su Hijo"—Su persona, Su obra, Sus promesas. Jesús es el único camino a Dios. No hay otro camino. Él es la vida—fuera de Él no hay vida. Él es la verdad—Él no puede mentir y no mentirá. Debe creérsele y Él dijo que vendría para que tuvieras vida y la tuvieras en abundancia. Quienes crean en Él no perecerán jamás, porque Él los levantará en el día final.

Si no has creído y recibido a Jesucristo como tu Señor, Dios y Salvador, entonces este es el momento para que lo hagas. Confiesa tu pecado y ponte de acuerdo con Dios en que Lo necesitas. Sólo dile a Dios que eso es lo que quieres hacer y Él te dará el regalo de la vida eterna dándote a Su Hijo—Cristo en ti, la esperanza de gloria. Después de hacer esto, agradécele con fe el regalo de la vida eterna. Luego completa esta lección. Cuando te reúnas con tu grupo, diles lo que has hecho. ¡Qué gran regocijo habrá... igual al que hay en el cielo en este momento!

Esta es la razón por la que Jesús vino a la tierra— por ti. Bienvenido a Su familia eterna. Algún día verás Su templo de pie nuevamente en la era de Ornán pues allí es donde todos iremos. ¡Qué glorioso día será!

Ahora lee el capítulo 29. Es un capítulo muy enriquecedor. Al marcar las palabras clave, marca cada aparición de la frase que menciona algo acerca de *ser ofrecido voluntariamente (ofrecer voluntariamente)*[15]. También marca de manera distintiva la palabra *corazón*— un corazón rojo servirá. Después regresa y marca *corazón* en el 28:9.

Al terminar, haz una lista de todo lo que aprendes al marcar estas palabras clave. Luego, piensa cómo se aplica a tu vida lo que has aprendido. Anota el tema de este último capítulo de nuestro estudio.

Puedes terminar tu estudio cambiando 1 Crónicas 29:10-19 haciéndolo tuyo en una oración.

SÉPTIMO DÍA

 Guarda en tu corazón: 1 Crónicas 29:11, 12.
Lee y discute: 1 Crónicas 21-22:2; 29:1-19; 2 Samuel 24.

PREGUNTAS PARA LA DISCUSIÓN O ESTUDIO INDIVIDUAL

1 Crónicas 21-22:2; 2 Samuel 24

- ¿Por qué cayó la plaga del Señor que mató a 70,000 hombres de Israel?

    a. ¿Por qué contó David al pueblo?

    b. ¿Quién trató de advertir a David? ¿Qué te dice esto acerca de ese hombre? ¿A qué se arriesgó este hombre al hacer lo que hizo? ¿Necesitamos más hombres como éste?

    c. ¿Cómo se sintió Dios con esto? ¿Qué hizo Dios?

    d. ¿Por qué escogió David ese castigo?

- ¿Qué observaste al marcar cada referencia al *ángel del Señor*?

- ¿Qué aprendiste acerca de la era de Ornán esta semana? ¿Cómo se relaciona con nuestros días?

    a. ¿Dónde estaba el tabernáculo del Señor cuando esto sucedió?

    b. ¿Por qué fue David allí?

- ¿De qué se percató David en 1 Crónicas 22:1, 2?

- ¿Qué aprendiste acerca de David en este capítulo? ¿Cómo reaccionó David cuando se dio cuenta de su pecado? ¿Qué lecciones puedes aplicar a tu vida?

    a. ¿Cómo llamó David a sus acciones?

    b. ¿Cómo llamas a tus acciones cuando son contrarias a la Palabra o la voluntad de Dios?

- ¿Quién iba a construir la casa del Señor? ¿Por qué?

1 Crónicas 29:1-19

- ¿De dónde provenían los fundamentos para la casa del Señor?

    a. ¿Qué aprendiste acerca de David en este pasaje? ¿Acerca del pueblo?
    b. ¿Qué aprendiste al marcar cada referencia a *ofreciendo voluntariamente*?
    c. ¿Cómo contaban David y el pueblo con los recursos necesarios para un proyecto tan caro?
    d. ¿Qué puedes aplicar a tu vida de todo esto? ¿A tu iglesia? ¿A la obra de Dios alrededor del mundo?

- ¿Qué aprendiste al marcar las diferentes referencias al corazón?

- ¿Qué aprendiste acerca de Dios en este capítulo, que verdaderamente llamó tu atención, cautivó tu corazón o te condenó?

Finalmente, si aún hay tiempo

༄ ¿Qué aprendiste acerca de Salomón esta semana?

༄ Comparte una de las observaciones más significativas que obtuviste acerca de David en el libro de 2 Samuel y cómo impactará o ha impactado tu vida.

Pensamiento para la Semana

Una pestilencia vino después del censo que David ordenó, matando a 70,000 israelitas. David actuó en contra de las advertencias de su general, Joab, e independientemente de su Dios. 1 Crónicas 21:1 explica que "se levantó Satanás contra Israel e incitó a David a hacer un censo de Israel". El segundo libro de Samuel 24:1 dice "de nuevo la ira del Señor se encendió contra Israel".

A lo largo de nuestro estudio hemos visto a David consultar al Señor antes de actuar. David siempre tuvo éxito cuando se sometió a las instrucciones de Dios. El fracaso era seguro cuando no lo hacía. Aún cuando Dios había elegido a David para gobernar y dirigir a Su pueblo, Él no comprometía Sus propias normas cuando David las violaba. Dios es un Dios justo y las consecuencias de la desobediencia se aplican —¡a todos!

Entonces, ¿cómo podemos mantenernos en obediencia a la voluntad de Dios? ¿Cómo cumplir con Sus justas demandas? ¿Será posible mantenerse firme cuando todo se viene abajo? La respuesta es sí, a través de la gracia de Dios. La gracia es un regalo no merecido, un favor sin derecho. La humanidad nunca podría merecer la bondad de Dios, pues todos somos criaturas pecaminosas.

Así que, ¿cómo puede aceptarnos Dios? Por medio de la vida de un hombre, Jesucristo, el unigénito Hijo de Dios. Jesús murió en manos del hombre para que pudiésemos ser aceptados por Dios. La muerte de Cristo trajo reconciliación entre Dios y nosotros. Romanos 5:8-9 dice que "mas Dios muestra Su amor para con nosotros, en que siendo aún pecadores, Cristo murió por nosotros. Entonces mucho más, habiendo sido ahora justificados por Su sangre, seremos salvos de la ira de Dios por medio de Él".

Es sólo por Jesús que somos salvos de la justa ira de Dios. Así que permítenos preguntar otra vez, "¿en qué punto estás con respecto a Dios? ¿En Su ira o en Su Hijo, Jesucristo?

Durante nuestro estudio, preguntamos: "¿hay seguridad en Dios, aún cuando todas las probabilidades humanas estén contra ti?" Esperamos que puedas responder con un resonante sí por lo que has aprendido acerca de Dios durante este estudio de 2 Samuel y 1 Crónicas.

Que tú puedas decir como David: "El Señor es mi roca, mi baluarte y mi libertador; mi Dios, mi roca en quien me refugio; mi escudo y el cuerno de mi salvación, mi altura inconquistable y mi refugio; salvador mío, tú me salvas de la violencia. Invoco al Señor, que es digno de ser alabado y soy salvo de mis enemigos" (2 Samuel 22:2-4).

¡Qué puedas caminar a la luz de estos versículos de ahora en adelante!

Panorama General de 2 Samuel

Tema de 1 Samuel
División por
Secciones

		Tema de los Capítulos	
			Autor:
		1	
		2	Trasfondo Histórico:
		3	
		4	
		5	Propósito:
		6	
		7	
		8	Palabras Clave:
		9	
		10	
		11	
		12	
		13	
		14	
		15	
		16	
		17	
		18	
		19	
		20	
		21	
		22	
		23	
		24	

Notas

Primera de Samuel

1. RV60 *malos procederes;* NVI *mala conducta*
2. RV60 *pecare*
3. NVI *maldad*
4. RV60 *el arca del pacto de Jehová*
5. RV60 *el arca de Jehová*
6. RV60 *el arca de Jehová*
7. NVI *calamidad*
8. NVI *quitará*
9. RV60 *varón de Dios*
10. RV60 *Espíritu de Jehová*
11. RV60 *preguntaron a Jehová*
12. RV60 *alianza*
13. NVI *consultar a Dios*
14. NVI *espíritu maligno*
15. NVI *espíritu maligno*
16. NVI *crimen*
17. NVI *delito*
18. NVI *Ajimélec*
19. RV60 *traición;* NVI *traicionarlo*
20. NVI *nacidos en Hebrón*
21. NVI *allí le nacieron*

Segunda de Samuel

1. RV60 *David consultó a Jehová*
2. RV60 *el arca de Jehová Dios de Israel*
3. RV60 *el arca del pacto de Jehová*
4. RV60 *confirmaré;*
    NVI *afirmaré*
5. RV60 *firme;*
    NVI *firme*
6. NVI *David se puso a rogar a Dios*
7. NVI *plan, consejo*
8. NVI *el rey, que regrese a mi palacio*
9. RV60 *limpieza;*
    NVI *limpieza*
10. RV60 *recto*
11. RV60 *despeja mi camino;*
    NVI *endereza mi camino*
12. RV60 *el ángel de Jehová*
13. RV60 *iniquidad, pequé*
14. NVI *también marca ángel*
15. NVI *ofrendas voluntarias*

Notas para el Estudio Personal

Notas para el Estudio Personal

Notas para el Estudio Personal

Notas para el Estudio Personal

Notas para el Estudio Personal

Notas para el Estudio Personal

Notas para el Estudio Personal

Notas para el Estudio Personal

Acerca De Ministerios Precepto Internacional

Ministerios Precepto Internacional fue levantado por Dios para el solo propósito de establecer a las personas en la Palabra de Dios para producir reverencia a Él. Sirve como un brazo de la iglesia sin ser parte de una denominación. Dios ha permitido a Precepto alcanzar más allá de las líneas denominacionales sin comprometer las verdades de Su Palabra inerrante. Nosotros creemos que cada palabra de la Biblia fue inspirada y dada al hombre como todo lo que necesita para alcanzar la madurez y estar completamente equipado para toda buena obra de la vida. Este ministerio no busca imponer sus doctrinas en los demás, sino dirigir a las personas al Maestro mismo, Quien guía y lidera mediante Su Espíritu a la verdad a través de un estudio sistemático de Su Palabra. El ministerio produce una variedad de estudios bíblicos e imparte conferencias y Talleres Intensivos de entrenamiento diseñados para establecer a los asistentes en la Palabra a través del Estudio Bíblico Inductivo.

Jack Arthur y su esposa, Kay, fundaron Ministerios Precepto en 1970. Kay y el equipo de escritores del ministerio producen estudios **Precepto sobre Precepto,** Estudios **In & Out**, estudios de la **serie Señor**, estudios de la **Nueva serie de Estudio Inductivo**, estudios **40 Minutos** y **Estudio Inductivo de la Biblia Descubre por ti mismo para niños.** A partir de años de estudio diligente y experiencia enseñando, Kay y el equipo han desarrollado estos cursos inductivos únicos que son utilizados en cerca de 185 países en 70 idiomas.

Movilizando

Estamos movilizando un grupo de creyentes que "manejan bien la Palabra de Dios" y quieren utilizar sus dones espirituales y talentos para alcanzar 10 millones más de personas con el estudio bíblico inductivo.

Si compartes nuestra pasión por establecer a las personas en la Palabra de Dios, te invitamos a leer más. Visita **www.precept.org/Mobilize** para más información detallada.

Respondiendo Al Llamado

Ahora que has estudiado y considerado en oración las escrituras, ¿hay algo nuevo que debas creer o hacer, o te movió a hacer algún cambio en tu vida? Es una de las muchas cosas maravillosas y sobrenaturales que resultan de estar en Su Palabra – Dios nos habla.

En Ministerios Precepto Internacional, creemos que hemos escuchado a Dios hablar acerca de nuestro rol en la Gran Comisión. Él nos ha dicho en Su Palabra que hagamos discípulos enseñando a las personas cómo estudiar Su Palabra. Planeamos alcanzar 10 millones más de personas con el Estudio Bíblico Inductivo.

Si compartes nuestra pasión por establecer a las personas en la Palabra de Dios, ¡te invitamos a que te unas a nosotros! ¿Considerarías en oración aportar mensualmente al ministerio? Si ofrendas en línea en **www.precept.org/ATC**, ahorramos gastos administrativos para que tus dólares alcancen a más gente. Si aportas mensualmente como una ofrenda mensual, menos dólares van a gastos administrativos y más van al ministerio.
Por favor ora acerca de cómo el Señor te podría guiar a responder el llamado.

Compra Con Propósito

Cuando compras libros, estudios, audio y video, por favor cómpralos de Ministerios Precepto a través de nuestra tienda en línea (**http://store.precept.org/**) o en la oficina de Precepto en tu país. Sabemos que podrías encontrar algunos de estos materiales a menor precio en tiendas con fines de lucro, pero cuando compras a través de nosotros, las ganancias apoyan el trabajo que hacemos:

- Desarrollar más estudios bíblicos inductivos
- Traducir más estudios en otros idiomas
- Apoyar los esfuerzos en 185 países
- Alcanzar millones diariamente a través de la radio y televisión
- Entrenar pastores y líderes de estudios bíblicos alrededor del mundo
- Desarrollar estudios inductivos para niños para comenzar su viaje con Dios
- Equipar a las personas de todas las edades con las habilidades es estudio bíblico que transforma vidas

Cuando compras en Precepto, ¡ayudas a establecer a las personas en la Palabra de Dios!

www.ingramcontent.com/pod-product-compliance
Lightning Source LLC
Chambersburg PA
CBHW071518040426
42444CB00008B/1697